＼熱中授業をつくる!／

子どもの思考をゆさぶる授業づくりの技術

森川正樹

「役割」が
「日常」を
変える!

学陽書房

朝。
提出されている「まとめの感想文」を手に持つ。
ずしっと重みが手に伝わる。
教師として生きていることを実感する瞬間。

プロローグ

朝、教室に子どもたちが入ってきます。
それを迎える自分。
教室はだんだんと子どもたちの〈声〉で満たされてきます。
さあ、ギアをローからセカンドに入れましょうか。

今日もまたそこから数々の子どもたちとのやり取りが始まります。
教室は毎日毎日無限のやり取りが繰り広げられる場所。
そんなやり取りの一つ一つがかけがえのない瞬間。
そんな「教師の日常」を真に輝かせたい……。

教師の道を選んだあなたが真に輝くとき。

それは子どもが輝くときです。

子どもが輝いているのは子どもが一生懸命考えているときです。思考しているときです。


本書は、教師なら誰もが遭遇する子どもとの対峙場面で、いかに子どもたちを思考させるかを考え、実践したことの記録です。

子どもが輝けば教師であるあなたが輝きます。


子どもたちを書けるようにしたい。

子どもたちを話せるようにしたい。

子どもたちを聞けるようにしたい。

子どもたちを読めるようにしたい。

教師なら誰しも思うことです。
そのためには「授業」です。
毎日の「授業」にこそ、最大限の力を注ぎましょう。
そして子どもたちを輝かせて、自分も教師として輝きましょう。
教師をしていて良かった、と心から思える毎日を送りましょう。

そのために、日常の教師の役割を改めて意識し直すことから始めましょう。
実はそれこそが教師としてのエキサイティングな瞬間を生み出すのです。

子どもに話すときは？
板書するときは？
日記や自学指導は？
音読指導のときは？
読み取りの授業での役割は？

話し合いの授業での役割は？


ここです。私たち教師が最高に幸せを感じるのは。

そこを取りにいきましょう。

そこで勝負しましょう。

せっかくなりたくてなった教師なのですから。


本書が、教師としての「日常」を輝かせるために役立つことを願っています。

そのために、本書はできるだけリアルに教室を再現するため、授業での子どもたちとのやり取りを逐一文字起こしをし、誌上に再現しました。

実際に森川学級に参観に来られた気持ちで、お読みいただければ幸いです。


それでは参観後にまたお会いしましょう……。

CONTENTS

CHAPTER 2

CHAPTER 3

CHAPTER 6

「読む」指導での教師の日常改革

CHAPTER 7

CHAPTER

1

教師の日常改革、まずはここをおさえる！

CHAPTER 1/01

「教師の役割」をどう捉えていくか

一日一日の授業を大切にする

学習指導要領が新しくなり、教科書も変わっていく中で、教育の現場も翻弄されていきます。そうした変化に柔軟に対応し、かといって惑わず、ぶれず、楽しく教師の仕事を続けていくには、教師自身が「日常を変える」ことが必要です。

新しいことがどんどん上から振ってきても、ぶれない教師というのは、日々の授業が一番大事だとわかっています。毎日、子どもたちの顔をちゃんと見て、自分のクラスの子どもたちに合ったことをしっかりやっている。日々の中で、子どもたち全員を鍛えていくことが大事だと理解し、それを全力で実践しています。

まずは日常的に私たち教師がやっていることを見直していきましょう。日常の中で変えていかなければ、教師の世界は変わりません。

「キーマン」を授業にのせる

福島県の小学校の校長先生から講師のオファーがあり、飛び込み授業と講演に行ったことがありました。その校長先生がおっしゃるには、子どもたちの「書く力」が弱いということ。そこで、「書くこと」に特化した飛び込み授業を依頼されたのです。そのときにお話を伺ったのが、やはり原発のこと。二〇一一年の東日本大震災から時間はずいぶんたちますが、それでもまだ、現状ではまったく復興しているとは言えません。それは、実際に福島に行ってみてわかりました。報道されていないことはいっぱいあるのです。

震災が起こる前と後では子どもたちの数も大幅に減ってしまいました。各学年とも少数の複式学級です。

これは絶対に行かなければと思いました。そして、行くからには子どもたち同士の関わりを生み出していきたいと考え、一年生から三年生までの四人で一つの授業、四年生から六年生までの三人で一つの授業にし、午前と午後に一コマずつ授業をして、夕方から先生方に話をする研修、ということにしました。

やはりどこに行っても、子どもは一緒です。私は、この福島の子どもたちとともに勉強できることを本当に幸せなことだと思いました。

学校に着いたとき、子どもたちは教室にいませんでした。車に乗って近くの交流学校に出かけていて、帰ってくるのは、授業の直前10分前くらい。私が先に教室に入って待っていることになったのですが、子どもたちが「ただいま！」と帰ってくると、「えっ、誰？」という反応です。事前に、先生方から子どもたちに話はしてくれていたので、「こんにちは」と挨拶をしてくれましたが、初対面はそうした状況でスタートしました。わくわくする展開です。

まずは、一年生から三年生までの授業をしました。

なかでも一年生の子がとてもとても元気（？）で、この一年生を授業にのせることがすべてかな、と思いました。

この一年生が本当に楽しい。授業中いきなり「ねえ。ポケモンって知ってる？」と質問してきて、私が、「うん、ちょっとよくわからないです」と答えるような面白いやり取りをしていました（笑）。こういう場合、この子をのせることが授業の安定につながります。そこでまず、その子とのやり取りの中から「褒めポイント」を必死で探します。するとと、要所要所で私のほうにきちんと意識を向けているように感じたので、次のように声をかけました。

「あなた、全然話聞いてへんようで実は聞いていているね」

すると、だんだんその子のほうからバンバン授業について質問したり、「先生、今、何て言った？」などと非常によく反応してくれたのです。この一年生を「よしよし」とのせていったら、授業もとてもうまくいきました。

授業をするときは、クラスに必ず「キーマン」がいます。その子をどう授業にのせるかで授業の進み方、雰囲気は大きく変わります。

授業で子どもを「疲れさせて」いるか

次に、午後の授業です。複式の四年生、五年生、六年生のクラスへの授業です。飛び込み授業ですが、「日記を生まれ変わらせる」というねらいで授業をします。そこで、子どもたちの日記を事前にこっそり担任の先生からもらっておきました。

「今日は、この文章を見ていこうね」と言いながらクラスの子の日記を出すと、子どもたちは、「あれっ、この日記はもしかしたら私たちの？　あれっ、何で持っているの？」と、良いざわつきが起きてきました。授業の冒頭から、予定調和を壊していきます。

さて、かくして自分の日記を、描写を入れながら生まれ変わらせるという展開で授業は無事終わったのですが、その授業の終わりに印象深いことが起こりました。

「これで終わります。ありがとうございました」という授業挨拶の後、五年生、六年生の女の子二人が、**教室の床にペターッと倒れて、頭を抱えて「うわ〜。疲れた〜」と言ったの**です。私はそれを見て、「あっ、来て良かったな」と実感しました。なぜなら、**子どもたちにたくさん思考させたかった、頭を疲れさせたかった**からです。

皆さんの日常の授業はどうですか。〝ゆるく〟なっていませんか。〝せめぎ合い〟はありますか。この子たちの担任の先生は、若くて熱心な男の先生でしたが、三人という少人数での子どもたちとのやり取りの中で、おそらく子どもたち同士の〝せめぎ合い〟をあまり生んでいなかったのではないかと思われます。

そこで、いつも私のクラスで行っているように、遠慮せず、ガンガンぐいぐい飛ばしながら授業を行っていきました。「はい、あなたは？」「はい、あなたは？」というように。その結果、授業が終わって、その子たちは頭を抱えて「疲れた〜」と言ったのです。

授業が終わってから担任の先生や周りの先生に言われました。「先生、ここまで突っ込まないとだめなんですね」と。

少人数複式での授業は私自身もこれまで未体験のことでしたが、授業に子どもの人数は関係ありません。**クラスの全員が頭を働かせているかどうかが重要**なのです。これは当たり前のことではありますが、本当に大切なことなのだと、この経験から改めて確信することができました。

たとえ少人数のクラスであっても、三十人、四十人のクラスであっても、日本全国どのような教室でも、教師は子どもたちと授業をしている以上、一人残らず動かし、思考させ、話を聞かせ、誰一人として置いていかないという気概が必要となります。

私はその後の講演で「子どもたちを疲れさせてください」と先生方に伝えました。

もしクラスが三人でも発言の機会を十回まわせば三十人になります。それは、どこにいても一緒です。地域などは一切関係なく、そこで担任している教師がそこでできることに全力を尽くし、そして、その**子どもたちが世界に出ていく**ということを、私たち教師はしっかりと意識しないといけません。

教師という仕事は難しいものではありますが、今日一日を無駄にせず、本当に尊い仕事をしていると自信を持って、様々な局面を乗り越えていきましょう。

CHAPTER 1/02

「教師の〝出番〟」の仕掛け方

出るときはどんどん出る

四年生を担任しているとき、一学期の終業式がインフルエンザの拡大防止のために一日繰り上がり、通知表はその直前にあった懇談会で保護者に渡すことになりました。本来なら、終業式の日に「一学期、ごくろうさん」と言って子どもたちに直接渡すのですが、それができなくなり、その代わりに国語のノートを子どもたちに配ることにしました。ちょうど授業で大きなまとめをしたところで、ノートには単元の「まとめの感想文」（CHAPTER6で詳述）の評価が書いてあるのです。私も配るとき少しドキドキしていましたが、子どもたちはそれ以上で、通知表よりも緊張していて、友だち同士、「一緒に開けよう」と言いながら、「せーの」でノートを開いていました。私のクラスでは、「書くこと」が学びの〝柱〟になっています。

終業式の日は時間が余ったので、最後の最後まで書かせました。「今年一年の漢字、自分の漢字を書く」ということをやりました。一年を一字で表す取り組みです。ここで、子どもたちが書いた字を二つ紹介します。一つは、「言」という字。

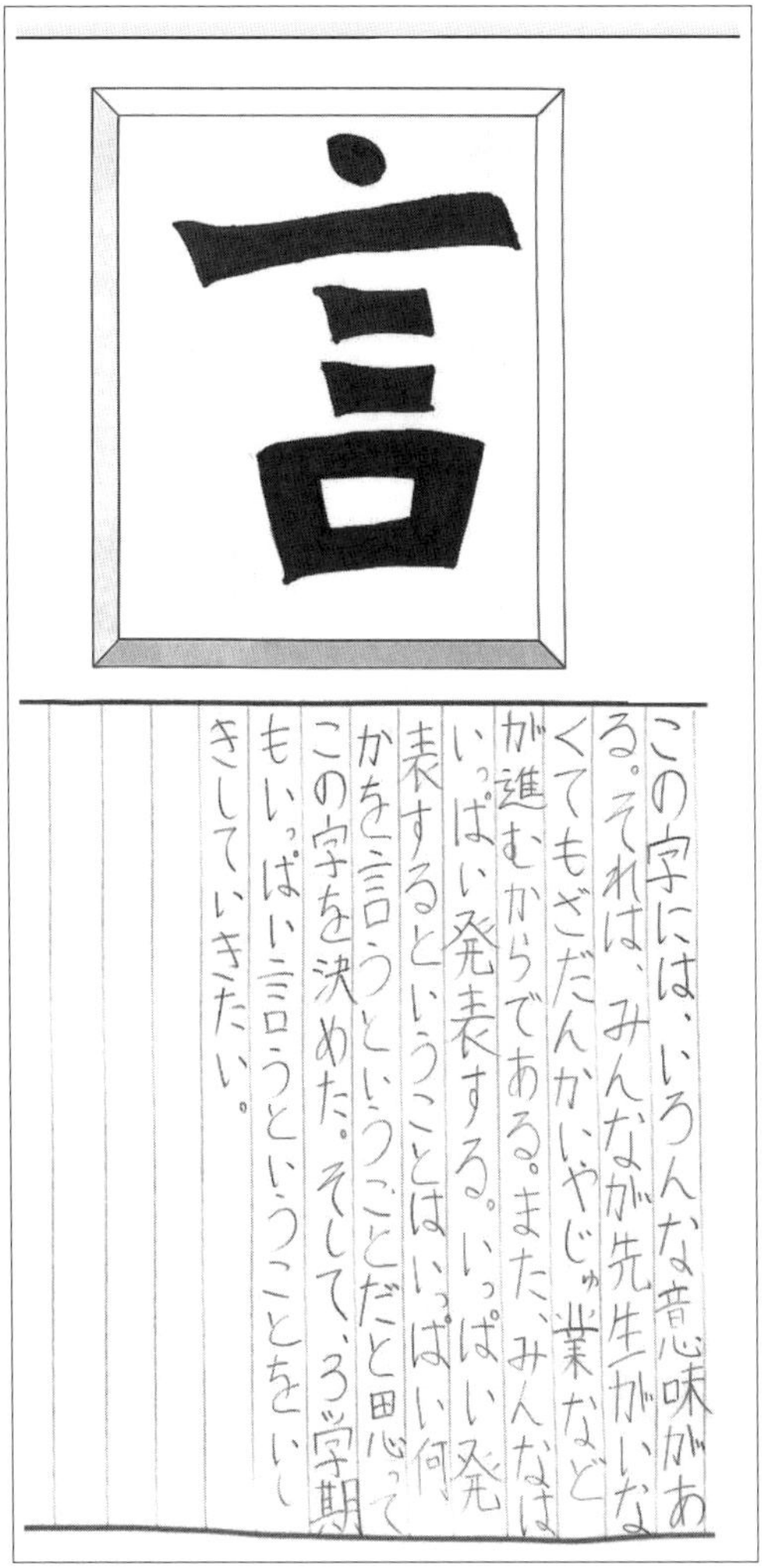
言
この字には、いろんな意味があ
る。それは、みんなが先生がいな
くてもざだんかいやじゅ業など
が進むからである。また、みんなは
いっぱい発表する。いっぱい発
表するということは、いっぱい何
かを言うということだと思って
この字を決めた。そして、3学期
もいっぱい言うということをいい
きしていきたい。

もう一つは、「新」という字。

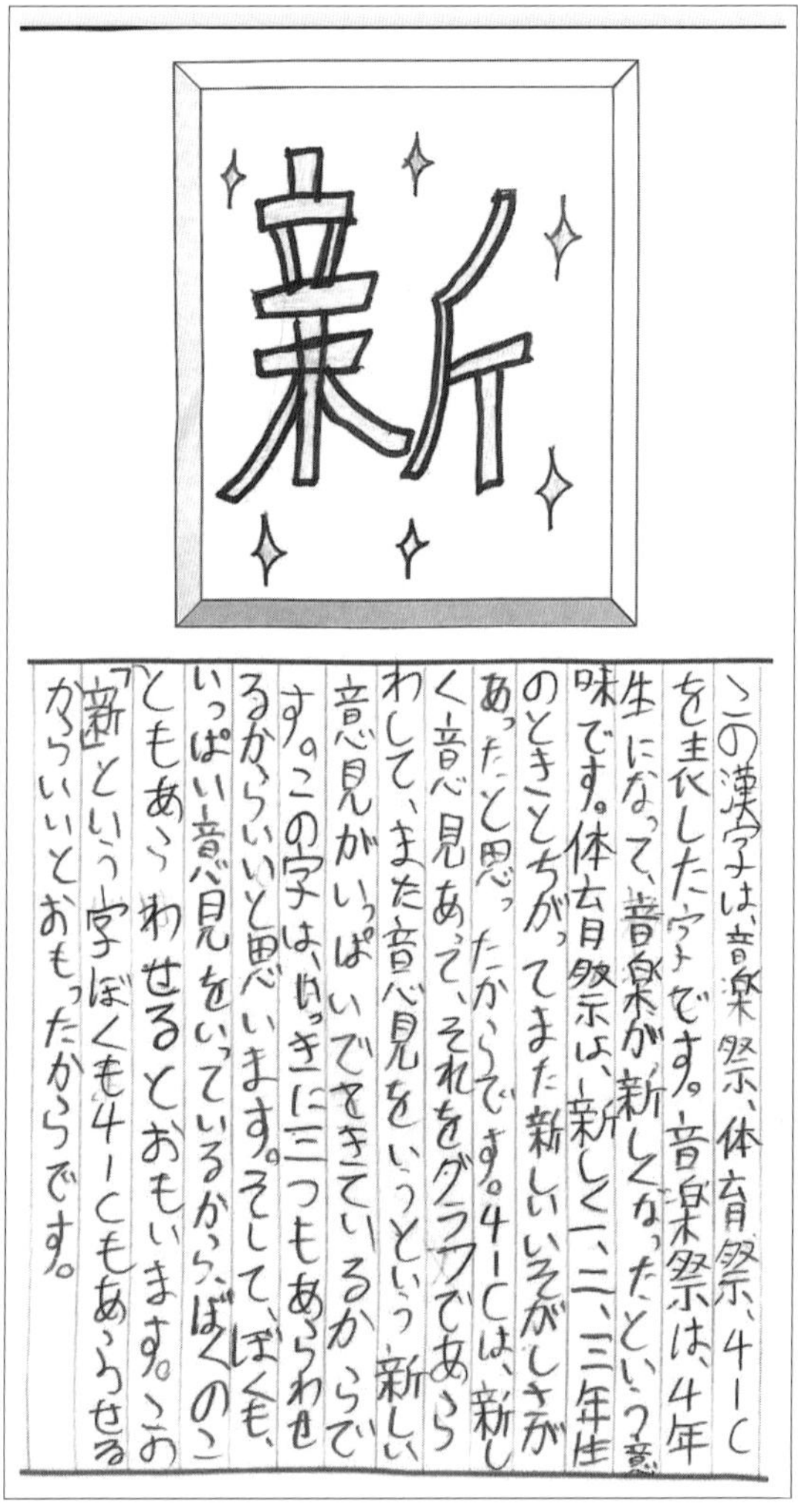

この漢字は、音楽祭、体育祭、4−C
を表した字です。音楽祭は、4年
生になって、音楽が新しくなったという意
味です。体育祭は、新しく一、二、三年生
のときとちがってまた新しいいそがしさが
あったと思ったからです。4−Cは、新し
く意見があって、それをグラフであら
わして、また意見をいうという新しい
意見がいっぱいできているからで
す。この字は、いっきに三つもあらわせ
るからいいと思います。そして、ぼくも、
いっぱい意見をいっているから、ぼくのこ
ともあらわせるとおもいます。この
「新」という字ぼくも4−Cもあらわせる
からいいとおもったからです。

さて、この「一字」を書かせるときに子どもたちが「先生、この漢字の二重文字の書き方を教えてください」と言ってきました。二重文字とは、筆で書いたような字で、子どもたちはそれを書きたがるのですが、なかなかに難しい。

一人の子にホワイトボードに書いて、「それを写しなさい」と言ったら、「先生、これも書いてください」とどんどん要望が出てきてしまいました（笑）。

こういうとき、**与えるべきことは、パッと勢いよく与えることが大事**です。そして、子どもたちには長々と話したりせずに、「これでやってみなさい」というアドバイスを次々に出していくようにします。そういうケースもある、ということ。

逆に、待つときはとことん待つ。その切り替えが大事です。

「好き」を「強み」にする

このときは、私自身がレタリングや絵を書くのがたまたま好きだったこともあって、どんどん教えていったということもありますが、それぞれの先生方が好きなことを活かしていくことが教師としての強みになります。

その強みが必要とされたときは、惜しみなく出していきま

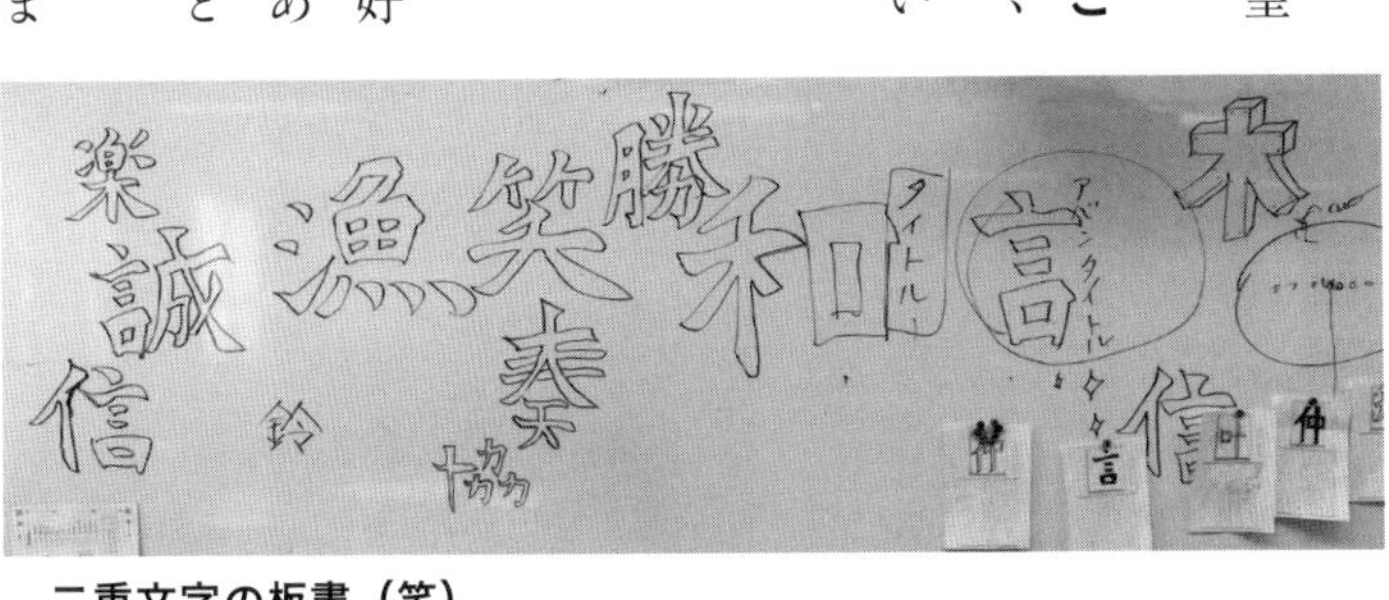

二重文字の板書（笑）

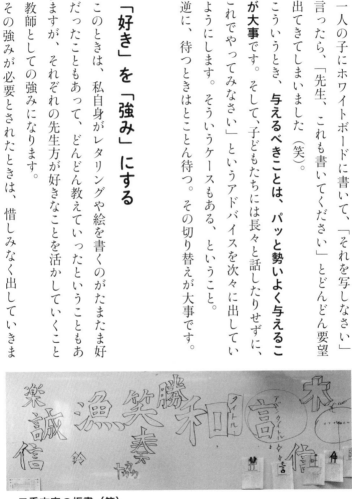

しょう。子どもたちも「すげぇ〜」と思いますし、教師に対するリスペクトを抱かせることは関係を築いていく上で欠かせません。電車に詳しい先生は電車の話をひたすらする。旅行好きの先生は旅の話をどんどん子どもたちにしてあげましょう。

もちろん、その部分は教師としての本質ではありませんが、自分自身を支える強みになってくると思いますし、それは子どもたちに必ず刺さります。**とんがっている部分は誇るべきこと**です。

CHAPTER 1/03

教師の余計な〝出番〟とは

日常改革のために教師が〝笑顔で〟してしまう七つの余計な出番（！）を提示しましょう。

①子どもの発言を笑顔でそのまま復唱してしまう

どうでしょう。意外に復唱していませんか。ちょっと再現してみましょう。

教　師：例えば、冬と言えば何を思い出しますか。
子ども1：こたつ。
教　師：こたつね。先生の家にも、もうこたつ出てます。どうですか。
子ども2：みかん。

教　師：みかんね。先生もみかん大好きですね。
子ども3：雪。
教　師：雪ね。もう冬と言えば雪ですよね。
子ども4：雪だるま。
教　師：雪だるまね。雪だるま作ったら手が冷たくなりますよね。

　これはもう余計なお世話ですよね。教師が全員の子の発言を繰り返している間に、あと四人が発言できたわけです。つまり、教室の中でできるだけ多くの子どもたちの意見を取り上げたいときは、絶対に復唱したらダメなんですね。こうします。

教　師：冬と言えば、どうですか。
子ども5：雪だるま。
子ども6：雪。
子ども7：マフラー。
教　師：（全員のほうを向いて）さん、はい。
全　員：マフラー。

教　師：あっ。ちゃんと言える。みんな、よく聞いているね。すごいな。
子ども8：カニ。
教　師：さん、はい。
全　員：カニ。
教　師：ちょっとみんなに聞いてみようか？　「カニを思いついた人いますか？」と言ってごらん。
子ども8：カニを思いついた人はいますか？　手を挙げてください。
教　師：見回してみて。意外にいないね。「へえ。カニ、意外にいないですね。皆さん」って言ってごらん。
子ども8：カニ、意外にいないですね。皆さん。

他愛ないことですが、教室ではすごく大事なことです。つまり、**子どもたちが子どもたちにちゃんと問い返すこと。子どもたちが子どもたちに話を聞くこと。**それがすごく大事なのです。

三学期が始まって、例えば「どうだった？　冬休み。充実してた？」と何気なく聞きますよね。そのときに、教師は何気なく繰り返してしまいます。「あー、そうなの。

田舎に行ったの！」「あー、そうなの。初詣に行ったの！」と。これをやっていたら、ダメなのです。

ここは、最高のチャンスです。

子どもたちが、「初詣に〇〇へ行きました」と言ったら、すかさず「さん、はい」。一年生、二年生のうちに、「さん、はい」で繰り返しをさせることの何がいいかというと、まず、一年生はまだうまくまとめて話せないので、その練習になります。

例えば、「初詣に行って、とうもろこしを買ってもらった。いや、とうもろこしを買ってもらう前に、お金、お賽銭入れて、お願いした。お願い？ え、でもお願いって、あのとき、ママどこ行ってたっけ……」と延々しゃべります。その話を、私はニコニコしながら聞きます。そして、「もういいかな」というところまで待った後に、「さん、はい」と全体に言います。それはもうクラス中、カオスですね（笑）。「う〜ん、とうもろこし……」と、子どもたちは混乱します。

それでいいのです。ニコニコしながら、「ちょっと難しかったみたいだよね」と言って、一人を指名して「『もう一回言ってくれない？』って言ってごらん」と促すのです。

必ず、この**「もう一回言ってくれない？」と〝子ども〟に言わせる。**この何気ない2秒ぐらいの会話ですが、実は子ども同士の対話の基礎をつくり、耳を鍛えることにもつながります。

「〇〇さんの話、みんな、言えなかったよね。どうする？」と子どもたちに聞くと、「もう一回言ってほしい」となります。そうしたら、すかさず、「じゃあ、田中君、〇〇さんに言ってくれる？」と一人の子に促します。そして「〇〇さん、もう一回言ってください」となる。その子は、「えーっと、初詣に行ってとうもろこしを食べました」と見事に変わります。だらだらと話していたのに、です。

この場合の効果ですが、一つは、「さん、はい」を言い、発言を促すことで、繰り返さないといけないわけですから、子どもたちはしっかり話を聞いていなければなりません。ですから、**聞く耳を育てる**のです。

もう一つは、発言者への効果です。発言する子は、自分の話をみんなが繰り返すのだとわかるので、「ぐちゃぐちゃにならないようにしよう」と**相手意識が生まれ、発言が整理されてきます。**

私も、一年生を担任しましたが、まさにファーストコンタクトばかりでした。初めてみんなに話をさせる日はどうしたらいいか。みんなの方向を向いて話をさせるにはどうしたらいいか。みんなの意見を聞かせるにはどうしたらいいか。みんなで成立させるにはどうしたらいいか。みんなの姿勢が自然にしゃんとするにはどうしたらいいか。こんなことばかり考えていました。

このとき、教師が頭でっかちになってはいけません。子どもたちを動かしたり、繰り返させたり、教師自身がバタバタと、いろいろなことを実際に試していくことが大切です。一年生を担任することは、自分にとってもたくさんの〝初めて〟に出会うことで、とても勉強になります。

一年生から六年生まで共通することは、まずは**教師が余計な復唱をしない**こと。教師が復唱してしまうことによって、子どもの聞く耳はまったく育ちません。必ず、子どもが子どもに問い返すことが大事です。

これは話し合いの活動においても同様で、話し合いにもっていくための言葉を子どもに言わせることが大切です。

例えば、「カニって思った人はいますか?」と問いのかたちにして、「ちょっと数えるので待っていてください」などと話し合いで使う言い方も教えます。

そして、数えて「三人ですか?」だけで終わりにせず、「意外に少ないですね」「いっぱいいますね」などと少しでも「どう思ったか」を付け足すようにさせるのです。

ここまで言わせなければ、子どもたちは授業が終わって教室を出た途端、もう何も発展しません。

要するに、『ごんぎつね』の授業の中だけで、話し合いの言葉が使えるようでは意味がないのです。『注文の多い料理店』の授業の中だけで、子どもたちが話し合うのではなく、教室から出たときに、「ちょっと聞いてた？」とか、「意外に多いやん」とか、「僕の意見に賛成の人いる？」とか、「ちょっとわかんないんで、もう一回言ってもらえますか？」と言えることが、子どもがその先、生きていく力になるのです。その力をつけて、次の学年に上げていく。

日常をコツコツ変えていくことが大事なのは、やはりそういうところからです。学級開きの最初の子どもたちのやり取りからぜひ意識してみてください。

②子どもがやろうとしているのに笑顔で言ってしまう

これは家庭でもよくあることではないでしょうか。「宿題やろうと思っていたのに」「今やろうと思っていたのに」というように。

例えば、クラスにやんちゃくんがいて、この子に掃除をさせたいという場面で、「ちゃんとしなさい」「ほうきで掃きなさい」と教師が先に言ってしまう場面があります。やんちゃくんは、間違いなく「今掃こうと思っていたのに」と言いますよね。これを言わせてしまったら、その子は、モヤモヤとした気持ちを抱えてじまいます。

そういうときこそ、教師は黙って見守らなければなりません。〝ちょっと待つ〟ということがすごく大事なことで、教師がよかれと思って笑顔で出ていってしまうところを、ぐっと抑えます。

何でもかんでも気付いたら先回りして出ていくのではなく、**子どもたちのキャラクターに合わせて出ていく**必要があります。教師が言ったことに対して、「はい」とやる子どももいれば、言われることを嫌がったり、すごくしんどい思いをする子どももいます。

こうしたことは、高学年になると、さらに顕著になります。それぞれの子どものキャラクターを活かしつつ、言われたくない子どもには、口を出すよりも横に行って一緒にやればいい。そして、やっていることに対して、きちんと褒めることが大事です。

③子どもの発言を意味付けようとして笑顔で〝話し足して〟しまう

三つ目です。教師は、子どもの発言を価値付けようと悪気なく子どもの発言に付け足してしまうところがあります。

特に教師が扱いやすい意見、場に出してほしいと願っていた意見が子どもたちの中から出たときは、すぐに〝取りにいって〟しまいます。そして、ある程度教師自身の中に予定していた「解」に寄せて教師の発言をかぶせてしまう――。こう強引にするときもあるとは思いますが、これが続くと、その子自身の発言の価値が下がってしまいます。教師の発言というのは、やはり子どもたちの側からすると、とても大きいものなので。ですから、**子どもの発言の後はすぐ付け足すことはせず、一旦間を取る、意識的に待つ**、ということが大切です。

④リーダーの仕事を笑顔で奪ってしまう

四つ目です。リーダー、学級代表、班長などの仕事を教師が笑顔で奪ってしまうこと。私もよくやってしまいます。「早く並んで。何分経ってるの？」と言ってしまってから反省しています。これは教師が言ってはいけないこと。学級代表であったり、班長にこそ言わせたい言葉なのです。

せっかく班長を決めているのに、班長に仕事をふらない。せっかく係を決めているのに、係の七割は稼働していない。そういった状況が多いのではないでしょうか。意識してリーダーを育てていくことも教師の役割として大事なことです。**促す、に徹したいですね。**

⑤子どもがまだしゃべっているのに笑顔でかぶせてしまう

五つ目。これはもう最悪です。子どもがまだしゃべっているときに教師が話し出すのは、非常によくないことです。子どもには〝話し切らせ〟ないといけません。自力で完結しないと単語で話すようになってしまいます。

ただし、ダラダラと長い話になっていた場合には、「ちょっとストップしなさい。わかりやすく言います。こう言いなさい」と指導することは必要です。

話し手が短く端的にしゃべることは大事なことで、あまりダラダラしゃべると聞き手がつらくなります。短い言葉でパッと意見を出していくほうが聞きやすいのは言うまでもありません。

例えば、プレゼンテーションの場面で多くしゃべる場合は、よほど話し方がうまいか、話し手のキャラクターに魅力がないと成功しません。これからの子どもたちは、こういったプレゼンテーション能力がますます必要とされてきますので、授業においても、教師がきちんと指導していかなければならないと思います。

しかし、基本はその子を尊重して、じっくり聞くところは聞かなければなりません。決して話をかぶせてはいけません。

⑥発言が聞こえない子に対して教師が笑顔で「もう一度言ってください」と言ってしまう

六つ目。これも、子どもたちに言わせたいことです。

もちろん例外はあります。「ちょっともう一回言いなさい」と教師から言う場面もあります。ただ、「余計な出番」と意識して言うのか、意識せず無防備に言うのか、そこには天と地ほどの差があります。

意識してあえて「今のはもう一回言って。聞こえない。駄目。それじゃ駄目」と言うことはあります。それはいいのです。そうではなくて、何にも考えていない、それを知らずに言ってしまうと子どもたち同士の対話につながりません。

⑦続かないのに日記や作文にたくさんコメントを書いてしまう

最後、七つ目。書くことの指導が続かない一番大きな理由は、教師自身にあります。日記の取り組みを始めて、「毎日、コメント書くよ」と子どもたちに宣言してしまう。それは非常に無理があります。可能ならばもちろんやればいいですし、教師自身が無理なく取り組めるペースを見つけてやるなら構いませんが、そうではない場合は、やめましょう。

例えば、今日は一班のコメントを書く。次の日は二班のコメントを書く。また、全部にハンコだけを押して、何人かずつ紹介するという方法もあります。

また、子どもたちに日記を口頭で紹介するやり方は、子どもたちもすごく喜びます。実際、多くの子どもたちは日記を紹介されるのが大好きですから、学級経営にも結びついていきます。あまり中身のない話を朝の会と終わりの会でするくらいなら、子どもたちの日記を読んだほうがよほど有意義だと言えます。

日記の紹介では、子どもの言葉を教師が流暢に読むことが、ミソです。五、六年生くらいの子どもたちの場合は、本人に自由に読ませてもいいですが、これをまだ低学年の字をうまく書けないような段階で子ども自身に読ませても、何の効果もありません。良いことを書いているから本人の口で紹介してもらおうと、**教師の誤った優しさで読ませようとしても、全然読めないので逆効果です**。

「昨日、カレーを食べました」と言うだけなのに、「き、きのう……」と、かえってその子に恥をかかせることになってしまいます。暗号のような日記であっても、教師がその暗号を解読してスラスラ読んであげます。教師が読んでも教師は主人公にはなりません。子どもたちは、教師ではなく、読まれている子の顔を見ます。ちゃんと「誰、誰？」というように日記の書き手に反応するのです。すかさず、「これ、実は、○○君の日記だよ」と言うと、「○○君、すごく面白いこと書いてるね」とみんなびっくりするのです。

つまり、**目的によって、やり方を変える**ということです。自分で読ませることは、また目的が違います。何でもかんでも子どもに読ませるのは考えないやり方です。

あと、私が怖いと思っているのは、「授業のテーマ」を子どもの中から出させること。子どもの話の中からテーマを探させたり、テーマを決定させたりすることは、そんなに簡単にはできません。子どもの中からうまくテーマが出てくるときもありますが、教師がきちっと目的を持ち、その目的に沿ってテーマが出てくるように、子どもたちから出てきたように仕組んでいくのが大事なのです。

CHAPTER 1/04

これだけははずせない！「教師の〝出番〟で意識したい7か条」

①「表情」を意識する

まずは表情です。基本は笑顔です。そして真剣さ。子どもに向ける表情を侮ってはいけません。表情は最初は、意識しなければうまくつくれません。無意識でも、自然に表情がよくなるレベルを目指しましょう。

教師が試されるのは、イレギュラーなことが起こったときです。授業でもそれ以外でも、イレギュラー時に子どもに、〝圧のある表情〟を返していませんか。

子どもに対しても大人に対しても露骨に険しい表情をする人がいますが、その表情が与える負の影響は大きく、その人に近づきたくなくなります。子どもにそう思わせてはいけませんよね。

②「詰める」という感覚を持つ

次に、「詰める」感覚です。1時限の時間を無駄にせず、学習事項を仕組むところはどんどん仕組んでいきます。これはリズムやテンポにも関わってきます。

「自分のクラスのスピード感」は、担任であれば、授業を行っていく中で大体すぐにわかってくると思います。ですから、スピード調整をしながら、子どもが急激に伸びる瞬間を教師が見逃さないように、〈今ここは、ちょっとゆったりしすぎてる。もうちょっとやろう〉〈欲張りにやろう〉と詰めていく。そのせめぎ合いを軽視せず、もっともっとやるべきです。

子どもたちをどんどん鍛えていってください。教師は、子どもたちを鍛えていかないといけません。

③「教室のスピード感」を意識する

教室にはリズムがあります。そのリズムを生み出しているのは「スピード感」です。子どもという存在はスピードが遅い、と決めてかかるのは大間違いで、逆に少しくらいスピード感のあるほうが子どもたちの中に通りやすいものです。ゆったりしすぎず、リズムよく、テンポよく、トントントンと流れていく雰囲気を教室の中につくっていきます。

もちろん、そのリズムに合わない子どももいます。ただ、基本的にクラスみんなが話を聞ける状態になっているなら、そのリズムを大事にしていきましょう。

よく言われるのは、子どもたちの会話のスピードは、音読のスピードに規定されるということです。音読のスピードが教師の話すスピード、子どもたちに話し合いをさせるときのスピードに影響するわけです。

低学年の担任の先生がゆっくりすぎる「お〜は〜よう〜ございます」という挨拶のスピードなら、授業の他の発声の場面にも影響してしまいます。

授業のテンポを学ぶには、テンポがいいと感じる授業をいっぱい見て、肌感覚を鍛えることです。「この先生の授業は、何でこんなに心地いいんだろう」と思える理想の授業をどんどん見せてもらい、そこからテンポのつくり方を吸収していくのです。

同時に、話し方、空気のつくり方も、そうしたライブから学び取っていきましょう。とにかく心地いい授業をできるだけたくさん見て、それを日常の授業の中で実践していくのです。

教室の雰囲気をつくるということでは、当てた子をフォローしたり、ユーモアを入れたりすることも必要になります。また、同じ子ばかりと話していては、他の子がおろそかになってしまいますので、教室全体の熱量が上がっていく手立てを教師がどんどん講じていくようにします。

④「話し方」に軽重をつける

話し方の軽重も意識してつけるようにします。

例えば、合図なのか、指導や説明なのかで、明確に話し方を分けていくのです。「はい、次」「そうだね」「うまいね」と、トントントンとテンポよく進めるためには、次、次というスイッチをフル稼働させていきますし、そうでないときは、手を止めさせて教師のほうを向かせ、「こういうところに気付いた人？」などと、発表を交えながら話していくようにしていきます。

こうした**話し方の対応の違いを授業の中でうまく演出**していけば、子どもたちは集中して学ぶことができるのです。

⑤わざと頼りなくなる

教科書を開けさせようと、ページ数を伝えて教室中を見渡すと、まだそのページを開けていない子や迷っていたり、遅れたりしている子がいるものです。こうした場面は、あえて教師が頼りなくなって、「ちょっと待って、何ページかなぁ……」と言いながら、子どもにページ数を答えさせ、全員が揃うのを待ってあげます。教師が親切にするばかりでなく、わざと頼りなくなることで、クラス全員の呼吸は整っていきますし、より当事者意識を強くさせることができます。

この方法が一番効果的なのは、板書です。板書しながら教師が頼りなくなって、「え～っと、どこに書こうかな～。え～っと……」などとモジモジしてみるのです。そう言っていると、低学年であっても「ここに書いたら？　先生」などと張り切って言ってくれます。

板書は教師が書くもの、自分たちは写すものと思い込ませてはいけません。そう思って六年生まできてしまった子どもたちは不幸です。きれいに板書を書き写すのがいいのではありません。そうではなくて、**考えて書かせる。子どもにノートは自ら考えて書くものという意識を身につけさせていく**のです。

一番いいのは、友だちが発言したときに、その意見を右や左に寄せて書いたり、赤で書くかどうか判断するなど、**自分で考える癖を板書でつけさせる**ことです。

そもそも、きれいに丁寧に理路整然と「わかりやすさ」を伝える板書と、「思考させる」板書は違います。整理してわかりやすく伝えるときには、子どもの思考に入りやすいように板書しますが、**子どもに思考させたいと思うときには、子どもの発言の後にワンクッションを置き、考える〝間〟をとって板書する**ようにします。決して、親切に教師が先に全部書いたりしてはいけません。子どもが考えたときを見計らって、「ここかな？」などと言って書くようにするのです。

板書はとても奥が深いものです。教師がわざと頼りなくなる（意図的にアクションする）ことで、子どもたちに思考させることができるのです。

⑥テンポをつくる

テンポを上手につくっていくためには、授業の中でリズムのよい切り替えを意識していくことが大切です。

例えば、話をしているときに、時々子どもをポンポンと一人ずつ当てていく。そのリズムの刻み方です。子どもたちも心地よくなっていきます。

私たちはバイオリズムのように、潜在的にリズムを刻んで生きています。特に子どもたちにとってはリズムが重要で、パッパッパッと教師がうまく切り替えさせていくことで、集中はどんどん高まります。

なかでも専科の先生方は、「今から歌」「今から絵」「今から説明」……と、この切り替えを上手に駆使しながら授業を展開させていると感じます。特に英語科で授業が上手な先生は、アクションを入れていくところ、歌のところなどとメリハリをしっかりつけてパッパッパッと切り替えながら、45分間の授業を5分単位、10分単位で分けていました。そして、ちょうど子どもたちが飽きる直前で次の活動に入っていく。

どうしてそういったことができているのかというと、子どもたちが英語がわからないことを前提で授業を組み立てているからだと思います。その点、例えば、**国語は日本語で、教師は子どもがわかると思って授業をしてしまっているせいか、リズムの工夫があまりされていない**のではないのでしょうか。**わからないことを前提に授業を組み立てれば、リズムやテンポも工夫されていく**ものです。

例えば、十数分の音読活動を行った場合、途中で聞いたり、ポイントとなることをしゃべらせたり、子どもにツッコんだりすることで、その時間が持ちます。ただ右から左へとずっと音読をさせているだけでは持ちません。子どもたちが飽きる、つまらなくなる、集中が切れる、活動が停滞すると、負の連鎖です。

その点、英語の授業は5分、10分、15分と、一活動が短くつくられているため、マンネリ化することはありません。

⑦フォローを入れる

子どもたちと人間関係が築けている教師であれば、必ずフォローがうまく入れられるものです。これは、子どもに媚びるのとは違います。「あなたうまいよね」というようなことが、さらりと言えるのです。

例えば、私の場合、「しっかりしろよ、おい」と厳しく伝えた後には、「でも、読み方うまいな」とフォローを入れるようにしています。子どもたちをフォローしていくことを自分の中に課していくことは、授業を行う上で非常に大事な感覚だと思っているからです。それは個人に対してもそうですし、グループやクラス全体に対してもそうです。

また、「A君を活躍させたい」「Bさんが心配」などと、クラスの中である特定の子を配慮したいというような場面はたくさんありますし、「授業がマンネリ化していないか」「授業の残り時間は何分か」などということも考えながら、その間にも一人だけ視線が違う子がいたり、ちょっと気になる子がいることにも気を配る。隣のクラスがお楽しみ会を始めて、とても盛り上がっているなどのようにリアルに対応をしていかなければならないことが現実にたくさんあります。

そういった状況への対応を考えながら、一つ一つの授業に丁寧に向き合っているのが教師の日常です。だからこそ、予定調和だけではなく、臨機応変に動いていかなければならないのです。

CHAPTER

2

学級づくりにおける「教師の日常改革」

CHAPTER 2/01

生活指導で絶対にはずせないこと

子どもに嘘をつかせない

私が生活指導で大事にしているのは、子どもに嘘をつかせないことです。

日々、学校ではトラブルが様々起こってきますが、避けなければいけないのは、子どもに二次災害を起こさないこと。

例えば、残念な行為があったとしたら、それが一つ目の災害です。災害というのは、「起こした子どもにとって」という意味です。それは残念なことですが、さらに**起こしたことを隠そうと嘘をつかせてしまうこと、それが二次災害**です。

自分がやってしまった残念なことに、嘘を重ねさせてしまうのは、やはり教師の責任です。大事な子どもたちですから、きちんと反省をさせなければなりません。だからこそ、重ねて嘘をつかせないということが非常に大切なのです。

トラブルが起こったときに、教師が出ていって「○○したのですか？」「誰がやったのですか？」と核心に迫ることを直接聞いても、子どもたちは話しません。直接的な問いには、「やっていません」と言ってしまいます。そして、教師も「やっていません」と言われたら、内心、まずいことになったなと思っているはずです。ユーモアで済ませられることだったらいいのですが、「この後、どうしよう」となりますよね。

これは結局、典型的な尋問形式になってしまっていることが問題なのです。私たち教師は警察官ではありません。子どもに尋問するのではなく、その子がちゃんと〝まずかったな〟と自覚するように導いていかなければならないのです。〝指導〟ですから。そのためにも、きちんと段階を踏んで指導していく必要があります。

STEP1　子どもとつながる状況をつくる

子どもが自分の行いをまずかったと自覚するためには、「嘘をつかせない」ことを前提で話を聞いていくことがカギです。

教　師：○○君は、君がやったと言ってるんだけど……。どうですか？

子ども：……。（だんまり）

こうなると話が終わってしまいます。もう一回やり直してみましょう。

教　師：自分で少しでもこれは良くなかったかなと思うことがあったら、言ってごらん。自分で言うことが大事だから。**先生はわかっているけど、**自分で言うことが大事だからね。何かありますか？

ここで大切なのは「先生はわかっているけど」の部分です。

こう言っても、子どもが沈黙したり、微妙に言わなかったりするという場合もよくあります。そのときに続けて言います。

教　師：5％くらいないか？

「100％が一番悪いとしたら、5％、3％くらい、〈自分がちょっと悪いな〉ということはあるよな」というニュアンスで伝えると、「廊下を走ってしまいました」な

ど と、〝遠くのこと〟を言ってくれます（笑）。それを言ってくれたら、まずはクリアです。「認めさせる」という大きな段階をクリアしたわけです。

この子に何回も嘘をつかせてしまったらかわいそうなのです。そのために小さな糸でもいいからたぐり寄せて、子どもとつながる状況をつくります。子どもが一旦認めたら、次の言葉でつなぎます。

そうだね。知っています。

これがポイントです。この言葉です。「知っています」と言って、手帳を見てください。そのメモ帳には何も書かれていなくていいのです。あくまでもこれは、その子に嘘をつかせないためにやっていることなのです。知っていて、記録してあるよ、という体《てい》を示しているのです。ふざけているのではありません。

事態の悪化はやはり教師の責任ですので、こういうやり方を知っているかいないかで結果は大きく違います。

次です。「まあ、まだあるよね」と、メモ帳を見てください。ここでも、このメモ帳を見るという行為がポイントです。書いていなくても「まだいろいろ先生は知っているんだな」と子どもに思わせることで、これ以上嘘をつかせない、ということです。そうすると、子どもが「汚い言葉を使ってしまいました」と、だんだん向こうから話してきます。

STEP2　教師がきちんと勝ち切る

そして、再び言います。

知っています。

これが大事なんです。「知っています」と言うこと。繰り返しになりますが、「先生は、どうやら全部知っているようだから、僕は嘘をついても駄目だな」「これは先生が怪しく持っている手帳に全部書いているんだな」と、子どもにだんだん「ちゃんと言わなきゃまずいな」と思わせるように詰めていくのです。そして「他には？」と聞いていきます。

「〇〇君にちょっときつい言葉を言ってしまいました」

このへんで核心に触れてきたわけです。例えば、ひどいことを言った、「死ね」と言ったということがあったとしても、それはなかなか言い出せません。その本丸にたどり着くまでに、じわじわと外堀を埋めていくような戦いを教師がちゃんとして、子どもに勝たないといけない。子どもに対して教師は、絶対に勝ってやらないといけない。嘘をつかせては駄目なんです。勝ち切ってください。

「そうだね」と、ここで「きた！」と思って少しほっとする（笑）。

教　師：知っています。でもこうやってきちっと自分の言葉で言うことができてるね。それが大切なんです。他にもあるよね？

子ども：ちょっと叩いてしまいました。

これを言わせたかった。被害者の子どもからも「お腹、叩かれました」と聞いていました。

それと、ここで「一旦褒めている」という状況も大事です。「正直に言うあなたは大事なんだ」ということを一方で認めながら心をほぐして進めていくのです。

教　師：そうだね。そのことだね。先生が言いたかったのは。でも、あなた、お腹、叩いたでしょ？

子ども：はい。

教　師：先生はあなたが自分で言うことが大事だと思うから、じゃあ謝りましょうか？

という流れです。

大事な子どもたちに嘘をつかせないために、教師が勝てる戦いをしないといけない。そのための手法として、本丸からは攻めません。本丸を攻めるのではなく、子どもが嘘をつかないように外堀から埋めていく。

被害者だけが子どもではありません。加害者も子どもです。どちらにも教育的指導をしないと駄目です。当たり前のことですが、決して感情的に怒らず、冷静に指導していくことが大切です。生活指導の場面では、できるだけ子どもに二次災害を起こさせないということが大切です。

熱中授業をつくるために、生活指導などの場面で、きちんと子どもとの関係を築いていきたいものです。

CHAPTER 2/02

あえて教師が出番を控えて子どもを活躍させる

学級代表を中心に子どもを動かす

リーダーを育てるという話について前述いたしましたが（33ページ参照）、私のクラスでは、一学期、二学期、三学期で、学級代表をそれぞれ二名ずつ決めるようにしています。学級代表は「きっかけをつくる人」です。個々が考えて動く中で、アクションが遅れたとき、声をかけて促すことができる役割を持ち、動きのきっかけとなってくれる人です。それがリーダー。

学級代表になった子どもからは、とにかく徹底的に話を聞き、また、学級代表をサポートするしくみもつくります。

「ただ学級代表がやればいいわけじゃないよ。みんな学級代表に任せて安心してるんじゃないの？　みんな、学級代表を支えていこうよ」

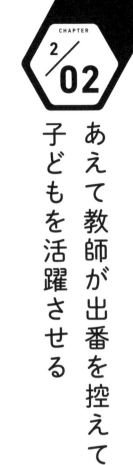

例えば、教師が急に教室を離れるような場合はチャンスです。この場合、読書というのはよくありますが、学級代表が出てきて授業をするくらいのことはやってほしいなと思っています。「音読活動」や「漢字の授業」を学級代表を中心にしてまわすことはすぐにできます。まずはそこから入り、自分たちでリアルに教室をまわさせます。

二学期になれば一学期に学級代表をした子どもがサポートメンバーに入ります。

振り返りも子どもたち主体で

六年生では、座談会（話し合い活動）の「振り返り会」を行っています。私は、「座談会」といって、教師が介入せずに子どもたちが授業（話し合い）をする場面を結構つくります。その振り返りを、学級代表や日直が中心となって行うのです。

教師があえて出番を控えて子どもたちに任せることで、「自分たちでやらなきゃいけない」というスイッチにしっかりと切り替わるようにしていきます。「先生いなくなった。どうしよ〜」となってしまうのは、すごくもったいないことです。

教師がいなかったら、自分たちがやらなきゃいけないという意識を身につけさせる。むしろ「先生、教室を出ていくのですね……（キラーン）」という状態になる（笑）。

四年生を担任したときのことです。私が学校をあけ、クラスは土曜の半日、担任不在で自分たちで進めたり、専科の授業でした。専科の先生からは、「みんな賢くしていましたよ」と教えていただきましたが、実は、その後、学級代表が一日の振り返りを動画でまとめたものを私に内緒で作ってくれていました。

iPadでアプリを使うと、簡単な映像が作れます。そういったことが得意な先生と一緒に、放課後の短時間で作り上げたのでした。次の日、「先生、見てください」と映像を見せにきてくれたのです。そのときのやり取りを紹介します（名前は仮名）。

子どもA：どうも田中です。
子どもB：どうも山本です。
子どもA・B：二人合わせて、二学期学級代表です。
子どもA：土曜日すごかったよね。
子どもB：うん、すごかった。
子どもA：一時間目、学級日記、めっちゃがんばってたし。
子どもB：二時間目は漢字練習で、すごく字をきれいに書けてたし。
子どもA：三時間目はもう最高だったよね。

子どもB：うん、そうだね。
子どもA：トーンチャイム、すごくきれいな音出てたし。
子どもB：「風になりたい」は、すごく笑顔で歌えてたし。
子どもA：もうなんとも言えないね。
子どもB：うん。そうだね。
子どもA：もう授業も自分たちでできるし、森川先生、いなくてもいいかもね。
子どもB：それはいたほうがいいんじゃない。
子どもA：やっぱり森川先生、最高！
子どもA・B：イエーイ！　バイバーイ!!

これだけの映像ですが、アプリを使えば子どもたちでも簡単に作れます。これをうまく活用していけば、その日の報告を日直に作らせてもいいなと思っています。

毎回毎回、日直の二人で一生懸命作りながら、「今日は、〇〇だったね～」みたいな振り返りが見られれば、ほほえましいですよね。

日直のこのような活動も、授業で発言する、表現するときの布石となります。

CHAPTER
3

「書く」指導での教師の日常改革

CHAPTER 3/01

日記指導での日常改革

日記指導は「練習道場」

「書く」授業の中での日常改革について考えていきます。まず、日記指導、自学指導での改革です。

日記を書かせるのは毎日でも、週に一回でもいいのです。教師が続く範囲で書かせていき、これを作文指導につなげていきます。

例えば、授業で書き出しの勉強をしたら、日記で書き出しの練習をさせます。

教　師：日記の書き出しだけ、先生が評価するから、今日は書き出しが最高の日記を書いてよ。

このように、授業の内容にリンクさせながら、作文のポイントに特化したかたちで日記で練習させると効果的です。

さて、日記指導が楽しくなる方法が一つあります。それは、「お題」を与えること。子どもたちが「何を書いたらいいのですか？」と言う間もなく、教師から、子どもたちが書きたくなるような素敵なお題をいっぱい出していくのです。

その中で、「今日は書き出しを勉強したから、書き出しに注意する」「今日は描写を勉強したから、描写に注意して書いてきて」というようにして、日記を作文の練習道場として使います。

文体を意識させながら書かせる

子どもたちの日記を読み聞かせすることで、子どもたちの意欲はさらに上がっていきます。

このとき、書いた子どもの名前を紹介してもいいですが、教師が「上手だね。誰が書いたか当ててごらん？」と聞いてみるのもいいでしょう。子どもたちは一生懸命意識して聞くようになりますし、子どもが他の子どもたちのことを意識する場面を意図的につくっていくことができます。

そのためにも、日頃から日記を音読させることもとても効果があります。誰が書いた日記かを、人柄や文体、文章の雰囲気を感じながら、「これは○○君っぽい」「○○さんっぽい」と聞くのは素敵なことです。

他の子どもたちからの感想を聞いて、日記を書いた子ども本人がその特徴にどんどん寄せていくという面白い現象も起こります。「メルヘンっぽい」と言われた子が、ずっとメルヘン風の日記を書き続けた例もありました。

子どもは、友だちに言われたことによって、どんどんそのイメージに近づいていくようになります。例えば、「私はメルヘン担当」と、やわらかな乙女チックな日記に特化していき、その子の日記は誰が読んでもその子だとわかるような仕上がりになっていくのです。

つまり、それは文体を意識して書いているということです。誰が書いたのかをみんなで考えていくと、自然に子どもたちがそれぞれに文体を意識し、何かいい感じになります。

「これ、絶対、○○君でしょ?」

「えっ、意外」

「これは、何か○○さんの感じがしない？」

「いや、今日はちょっと雰囲気変えてみました」

お互いに見せ合いながら、文章で遊ぶということが大事なのです。「書くこと」が子どもたちにとって遠い存在のままでは上達しませんし、ましてや子どもたちが書かされていると思っていたら決して楽しくはなりません。楽しく書いていくということです。

お題については、教師のためのスケジュール帳『ティーチャーズログ・ノート』(*)の巻末付録に「お題120」を載せています。ぜひ参考にしてみてください。これを片手に、「今日はこのお題、明日はこのお題」と次々に出していくといいと思います。


*『TEACHER'S LOG NOTE（ティーチャーズ ログ・ノート）』（フォーラム・A）

CHAPTER 3/02

自学指導での日常改革

付箋で評価する

次に、自学についての話です。

私は自学に評価をつけるときは、付箋を使うようにしています。というのも、書いた文章はその子の作品です。子どもたちには見開き二ページに自学をまとめさせていますが、その自学の上に教師が書き込んでしまうと、その子の作品に侵入するみたいになってしまうのです。日記の場合は直接ノートの余白に書くようにしていますが、自学の場合には付箋に評価を書いて、子どもの作品に貼るかたちで伝えています。

例えば、『ようこそ六甲山牧場へ』という作品に対するコメントでは、こんなふうに書いています。

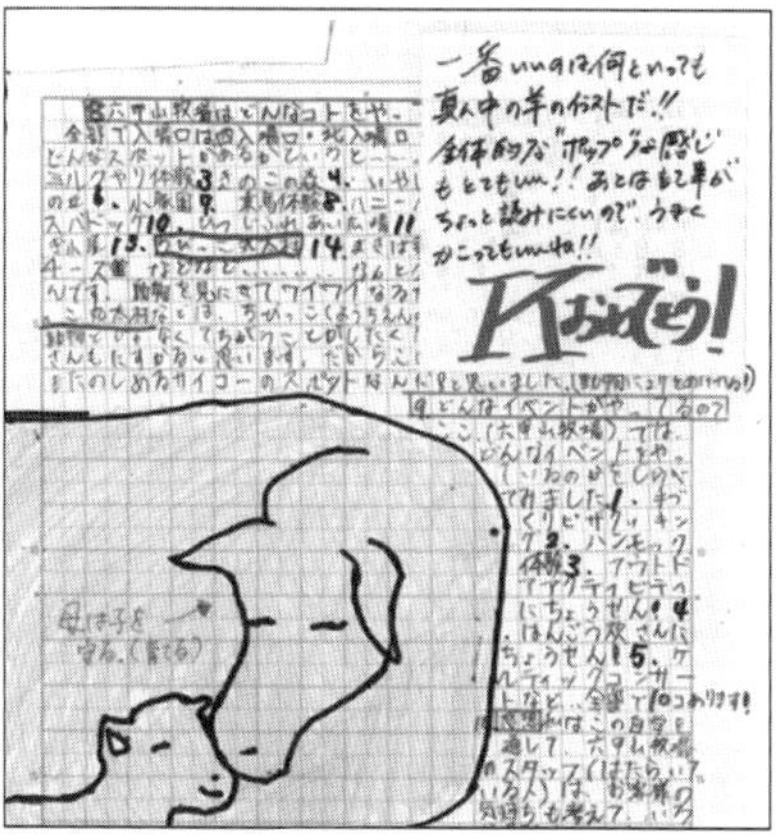

「K　おめでとう！　一番いいのは何といっても真ん中の羊のイラストだ‼　全体的なポップな感じがとてもいい。あとは記事がちょっと読みにくいので、うまくかこってもいいね」

こういうコメントを書くときは、例えば二か月に一回くらいのペースで行っていきます。そういった無理のない頻度で、機会に合わせてコメントを書くのがいいと思います。

また、この付箋では、一番伸びてきた部分を褒めます。例えば「イラスト」が上手になってきた子には、まずはそこを褒め、アドバイスを一つするイメージで評価をします。

テンポよく次々に評価する

大切なことはどんどん評価することですので、時間をかけずにパッパッと判断していくようにします。これを真剣に考えて正当性を取りにいくと絶対に続きません。教師としての感覚を大事にして、次々と評価していきましょう。

ちなみに、私は「評価の観点」をアルファベットで示すようにしています。Cは「やりなおし」、Bは「がんばろう」、Aは「合格」、Sは「すばらしい」、Kは「まいりました（「まとめる観点」がすべて入っている）」、Gは「あなたはもう指導者です！」です（そのときにより、Kが最高評価、Gが最高評価などと決めます）。

一〇〇、二〇〇、一〇〇〇、二〇〇〇と子どもたちのノートをずっと見ていると、「このビッシリと書き込まれた感じはKだな」などと、パッと見ただけで評価していく物差しが身についてくるものです。

そのためかなり即決の感覚で行っています。これがあったらKなどと決めて評価して細かくやりだすととても手間がかかってしまい続きません。

例えば、『さくらもち』について書いている作品ですが、ビッシリ感はそこまではなかったのですが、自分で撮った写真を切り取って貼っていました。この、自分で写真を撮っているところがすごく良かったので、K＋にしています。そのときの解釈があればいいのです。

「なんてはなやかでステキなんだ!! 先生はやっぱり道明寺だ!! それに元々さくらもち大ーすきなんだよ!! 自分でつくっているところがとってもポイント大！」

そして、この子は「さくらもち」を自分で作っているのです。

「写真の切りかたも本当に上手。めくるしかけもオモシロイね。さいしょからこのレベルの自学とはオドロキました!! オメデトウ K+」

コメントは、もらった子どもがとにかく前向きになることが大切です。ですから、個人的な視点や人間的な視点での感想や思いをどんどん入れていってください。「Sかな? Kかな?」などと厳密につけなくてもいいのです。どんどん評価していく中で精度を上げていきましょう。

子どもたちはこの評価を楽しみにしています。評価されると嬉しいのです。

一番頑張ったことを評価する

これは六年生の作品です。

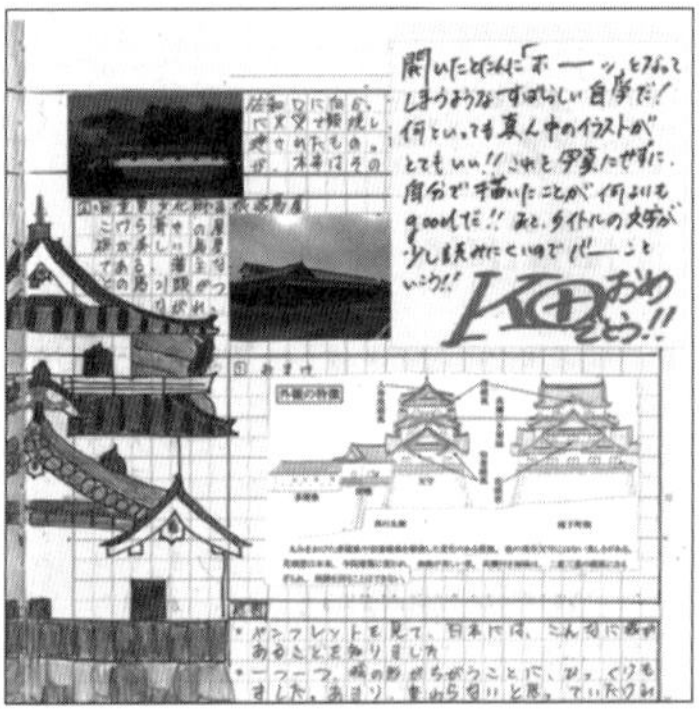

まずは、「織田信長の謎」ですね。これはKにしました。

「レベルアップが手に取るようにわかる！　何より信長のイラストがすごく上手!!　オドロキ!!　黒ペンでふちどりした方がいいかも。印の立体もすごい!!　Kおめでとう!!」

そして、「彦根城天守」。城です。こちらはK＋です。

「開いたとたんに『オーッ』となってしまうようなすばらしい自学だ！　何といっても真ん中のイラストがとてもイイ!!　これを写真にせずに自分で描いたことが何よりもgoodだ!!　あと、タイトルの文字が少し読みにくいのでバーンといこう!!　K＋おめでとう!!」

他のコメントも、KやG、SS＋などいっぱい書いています。

時間がないときは、「SS＋　デザインがすばらしい!! 小見出しをはっきりと!」というように一つ褒めて、一つアドバイスするようにしています。

「KK おめでとー!! きたよ、きたよ!! すごい!! イラストも情報も手を抜かずにやりきった!! 感想ふやしていいよいよGへ!!」

「G おめでとう!! おめでとう!! おめでとう!! さすがや! バッタだけじゃなくスズムシやバッタの色々種類もかいていてすばらしい!!」

このようにして、自学指導での教師の役割は、そのときにその子が一番頑張ったことをできるだけ見抜いて評価してあげることです。苦労して描いた絵だったら、絵を褒める。取材が大変だと見抜いたら、取材した内容を褒めるのです。

その子どもが気持ちよくなる、快適になる空間が教室で、一生懸命頑張った子どもが報われる教室でありたいです。それをつくり出すことを自学ではしています。

レベルアップのための自学コンテスト

自学のレベルアップのためには、コンテストがおすすめです。廊下に展示した自学の全作品を見て回り、友だちの作品を評価したり、話し合わせたりすることをイベント化することで、仲間の自学を評価し、それぞれの良さを知ることで個々人の学びはさらに高まります。三十人いたら自分以外に二十九点の作品を見ることができるのです。

三十五人、四十人と、教室がいっぱいで苦労されている先生もいますが、多様性に恵まれているということは、すごく大きなメリットです。もちろん、少人数だから細かい指導が行き届くというメリットもありますが、どちらが良いとか悪いとかではなく、それぞれの良さを最大限に活かすことが大事なのです。

＊自学の写真はすべて拙著『小学生の究極の自学ノート図鑑』（小学館）より引用しました。

CHAPTER 3/03

作文指導での日常改革

書き始める前、書き始めてすぐ

作文指導というのは、大きく分けると、「書き始める前」「書き始めてすぐ」「書いている最中」「書き終わる頃」「書き終わってから」と五つの段階があります。その中で、指導してもほぼ意味がないのは、「書き終わってから」です。

指導事項に「推敲」というものがありますが、子どもたちが書いたものを自ら直すことは普段はありません。書いたものを教師が添削し、書き直しをさせることはありますが、あまり意味がないと私は思っています。

それならば、どうしたらいいでしょうか。まずは、書かせ切ることです。書かせ切って、また次に書かせる。「次にこれを頑張ろう！」と思わせて書くほうが、絶対に書けるようになります。

「書く指導」は過去を振り返らせない。

格好よく言えば、「過去はいい、変えるのは未来だ」ということです。「次に書くときに、この書き出し方は……」とか、「あなたの文体は常体と敬体が混ざっているよ」と指導していけばいいのです。

口頭でどんどん伝える

また、教師が一人教室に残り、作文にコメントを書くことはものすごく苦しい作業です。眠気にも襲われ、孤独と戦い、途中、お茶を飲みに職員室に行ったら誰かにつかまります。教室でやっていれば良かったのに、つい職員室に行ってしまうと、「いや～、森川先生、もみじ饅頭あるよ」「ほんまですか。行ってこられたんですか」と、世間話が始まって作業が進みません（笑）。

普段はコメントに書くとしても推敲指導は、**授業中に直接口頭で伝えるのが一番効率よく指導できます。**

授業中に、「一班おいで！」と子どもたちを前に呼び、「あなたは文体。はい。次の方」「あなたは字が汚い。はい。次の方」と、作文を返しながら指導していきます。そのとき、やる気のある子はメモしています。それを褒めます。

「メモしてる子、すごいな。先生も真剣に言わないとな」

「段落がまったくない」などという表記面については、特に個人で伝えましょう。

このことを書いて伝えるのとは、まったく労力が違います。パッと見たら教師なら表記面については間違いがあると〝違和感〟としてうつるはずです。

三学期くらいになれば、子どもたちとの関係性ができていますから、きっぱりズバズバと完結に伝えても大丈夫です。

「君の字、これ何とかしてくれる？　暗号解読に20分ぐらいかかるからね（笑）。次」

「まったく息継ぎがない。できずに苦しい。つまり……？　段落をまったくつけてないね。先生、どれだけ苦しかったか（笑）。はい、次」

テンポよくどんどんいきます。

実際の授業場面も映像から再現してみます。

教　師：文体が混ざっています。どっちがいい？　敬体？　常体？

子ども：え〜、常体は何でしたっけ？

教　師：常体、何やった？

子ども：「～である」。

教　師：そう。「何々である」だね。敬体は？

子ども：敬体は、「何々です」「ます」です。

教　師：そうだな。どっちがいい？

子ども：う～ん。わからないです。

教　師：わからないのか。**先生が決めてあげよう！**　で、何か「力強い感じ」がいい？　それとも、「丁寧な感じ」がいい？

子ども：力強い感じのほうが……。

教　師：じゃあ常体。常体って何やった？

子ども：「何々です」。

教　師：それは敬体。常体じゃないな。

子ども：「何々である」。

教　師：そう。そういうふうに書く。理解した？

子ども：はい。

絶対理解してないです（笑）。でも、それでいいのです。「はい。じゃあ、行ってください」とさくさく進めないと空気が重くなります。作文指導は泥沼になったり、ジメジメしたら駄目なのです。やり取り中の「先生が決めてあげよう！」という言葉も大事で、これを言うことで何より子どもが安心するのです。

効率と効果はセットで

こうしたやり取りは、他の子どもたちも聞いています。「やべえ、俺、文体ぐちゃぐちゃじゃん。これは言われるぞ」と思うわけです。ですから、恥をかかさない程度の面白いやり取りにするのです。それをわざと他の子どもたちにも聞かせておきます。

例えば、その日の学習目的が「文体」だったら、五行ぐらい書いたら持ってきてもらいます。「一番端っこの列、来なさい」と順番に、「はい、さようなら」「さようなら」「こんにちは」とチェックしていきます。要するに、この文体が揃っているなら「こんにちは」でオッケーということを全体に伝わるようにするのです。

揃っていなかったら「さようなら」です。文体が揃うまで書き直しをさせます。子どもたちは「ギャー」と言いながら席に戻り、書き直してきます。こんなふうに授業の中で楽しく笑顔で流れよく指導していくというのも、教師の大事な役割です。

作文の指導は部分部分、パーツパーツでやっていくと、負担も少なく、より効果も高い。**続けていくためには、効率的に指導する**ということも合わせて考えていくことです。

また、「今日の運命のナンバー」というやり方もあります。

クラスの中に心配な子どもがいたとき、その子ばかりを呼んでいたら、他の子どもたちに「その子はできない子なんだ」と思わせてしまいます。そうではなく、「運命のナンバー」と言って、ランダムに四人ぐらいの子どもたちを、一〇番、八番、七番、四番と呼ぶのです。「俺、何かわけわからんけど決まった……」などと思う間もなく、いきなりジャッジされ、「はい、さようなら」となります。

こういうことも教師のさじ加減で取り入れていくといいのです。それが担任の強みです。五人くらいを呼ぶと、勉強が苦手な子もできる子もいます。一年を通して何度も作文を書かせるので、全員にもまわります。

いろいろな取り組みで「書く」指導を

予定調和でまわる教室ほど退屈なものはないと私は思います。子どもたちも六年生にもなると、現実には予定調和の嵐になっているものです。

「先生、絶対、次、遠足の作文書こうって言うよ」

これは、教師にとっては怖いことですが、子どもたちは絶対言っているはずです。「遠足の作文を書くぞ」と、もしかしたら口パクで他の子どもにも伝えているかもしれません。これを、「うわ……」と教師が動揺するような展開は避けたいのです。

「今日は作文書くと思ってたでしょ。書かないよ。うふふ」と、変えていきます。

私は、自分のアバターを作って絵を描かせ、それに吹き出しを考えて付けさせたりと、図工と国語を一緒に教えることもありました。図工と国語を合体させ、吹き出しは書く指導、絵は図工の指導というようにです。

「書く」といっても、日記や作文だけではなく、いろいろな方法で取り組ませることによって、書くことの奥深さ、楽しさを感じさせることができます。いつも原稿用紙が出てきて、行事が終わるたびに書かせるのでは芸がありません、何より子どもたちが楽しくありません。

/ COLUMN 1 /

「書くこと」の指導は書く力をつけるだけにあらず

「書く指導」を継続的に行っていると、子どもたちの様子が変わってきます。

低学年でもしっとりと学習できる集団は「書くこと」の指導をきちんと行い、自分と向き合う時間をとっている集団です。

「書いているとき」は「考えているとき」です。

一定時間自分の頭で考え、その考えたことを文字に落とし込む、というのはとても難しいことですが、それが実現されれば、子どもたちは落ち着いてきます。

子どもたちを落ち着いて学びに向かわせるには授業の中で静かに考える、自分と向き合う時間が必要です。「書く」はそれを実現させてくれるのです。そのために、「書く」という行為が必要なのです。

私は「書く」を学級経営の柱に据えて毎年クラスをつくりますが、子どもたちは間違いなく落ち着いてきます。知的な雰囲気になってきます。

「書くこと」指導には段階があります。クラスの様子に合わせて変わりますが、基本的には以下のようにしています。

①日記指導や自学指導などの「書き慣れ」からはじめ、文字を書くこと自体に慣れさせる。

②文章そのものを書くための「作文指導」を導入する。

③読み取りの授業できちんと「観点」を教え、きちんと意見の作り方を提示する。

④「読み取り」に関する書くこと（気持ちを書いたり、登場人物やテキスト内容に対する感想を書くなど）を行わせる。

⑤授業の「振り返り」や「出会い・まとめの感想文」の書き方を教え、どの子も授業（学び）を文字で再構成できるようにする。

読み取りの授業では「書くこと」は当然「読むこと」とつながってきます。

子どもたちはきちんと「書き方」がわかれば安心して動き出せます。

「書くこと」は学級経営そのもの。**学級を、子どもたちを真に安定させるもの、それは生活指導ではありません。**

それは、「授業」です。そのための一つの大きな手段が日常的に子どもたちに「書かせる」ことなのです。

「書くこと」の指導は、「書く力」をつけるだけではないのです。

CHAPTER 4

実録

「音読」指導での教師の日常改革

CHAPTER 4/01

「考えているか。」を問う音読指導

この章では、日常の「音読」という指導場面から見えてくる教師の役割について述べています。

四年生の『アップとルーズで伝える』（中谷日出《なかやひで》、光村図書『国語四上』令和二年度版）という説明文の音読の授業で、教師が介入する場面を紹介します。教室での音読指導を記録したものを、「起こし」で再現してみます。

授業は『アップとルーズで伝える』の授業の導入部分です。まだあまり練習していないところでの音読です。

ちなみに、私のクラスの座席の配置は、一、二班で二列、三、四班で二列、五、六班で二列となっています。

最初は、何も指導せずに音読をさせました。一、二班分の一回目の音読を終えたところで、指導を入れていきます。説明文でも、すらすらと読めないと読解はできません。当然他の子も聞いています。全体に対して何の言葉を際立たせるか、を問います。特に強調したいのは、「アップ」と「ルーズ」ですね。

このような指導の大前提には、子どもたちとの信頼関係があります。何でも言い合える関係があるからこそ、教師も子どもたちに受け入れてもらえます。次のフォローを入れました。

教　師：先生とあなたには気をつかわないで言い合える関係ができている。だから、H君に何でもツッコめる。みんなもそういう関係になりましょうね。うちのクラスは、みんなそうなっていると思います。先生は、だから好きなことを言いますよ。大事なことを言います。もう一回（読んでごらん）、ちょっと背筋をしゃきっと伸ばして。はい、どうぞ。

一番前の男子の音読がぐにゃぐにゃでした。そこで次のように話しました。

教　師：ぐにゃぐにゃした読み方になっています。はっきりと丁寧に

言葉を立たせるように読みなさい。

「先生は、君と何でも言い合える関係だから何でも言えたんだよ。みんなもそういう関係になろうね」ということです。〈だから、あなたはへこまなくていい〉ということを伝えているわけですね。

再度、一番目のH君から読み直しさせます。

子ども1（H）：「アップとルーズで伝える。中谷日出。テレビでサッカーの試合を放送しています。」

子ども2：「今はハーフタイム。」

子ども3：「もうすぐ後半が始まろうとするところで、画面には会場全体がうつし出されています。」

子ども4：「両チームの選手たちは、コート全体に広がって、体を動かしています。」

子ども5：「観客席はほぼ満員といっていいでしょう。」

子ども6：「おうえんするチームの、チームカラーの洋服などを身に着けた人たちでうまっています。」

子ども7：「会場全体が、静かに、こうふんをおさえて、開始を待ち受けている感じが伝わります。」

子ども8：「いよいよ、後半が始まります。」

子ども9：「画面は、コートの中央に立つ選手をうつし出しました。」

子ども10：「ホイッスルと同時にボールをける選手です。」

教　師：**ちょっと拍手をあげてください。拍手してあげて。**

子どもたち：（拍手）

教　師：**全然違いますよね。わかります？　ちょっとの違いだけど感じ取れるね。続けます。どうぞ。**

一、二班の全員が読み直し、上手になりました。そこでサッと評価を入れています。

その間、10秒です。ここから三、四班の二列目に移りました。

子ども11：「少しうつむいて、目がボールに向けられているのが分かります。」

子ども12：「初めの画面のように、広いはんいをうつして……うつすとり方、うつすとり方を「ルーズ」といいます。」

教　師：うまい。めちゃくちゃうまい読み方。失敗はいいの。はい、次。

この12の子は、「ルーズ」を、特に言葉を際立たせて読みました。ですので言い間違えてもそれはよくて、言葉の強調を褒めたわけです。

子ども13：「次の場面のように、ある部分を大きくうつすとり方を「アップ」といいます。」

子ども14：「アップとルーズでは、どんなちがいがあるのでしょう。」

子ども15（M）：「アップでとったゴール直……（言い直して）ゴール、直後のシーンを見てみましょう。」

子ども16：「ゴールを決めた選手が両手を広げて走っています。」

教　師：はい。ちょっとストップ。M君が何気なく言い直したのは、かなり大きなヒントになりました。ゴール直後のところを言ったけど、M君、言い直したよね。あれはね、微妙にわか

りにくかったかなと思ったんですよ、多分、本人は。だから「ゴール、直後の」ってちょっと分けたんですよね。これがね、技術です。わかりますか？　だから相手意識を持って読んでね。「ゴール直後の」って（連続で）言ったらわかりにくいから、「ゴール、直後の」ってわかりやすく言い直したよね。非常にうまい。はい、続けて。

M君が言い直した部分を取り上げて話をしました。

ここでは「考えて音読しようぜ！」ということを示しているわけです。

音読は宿題にする場合も多いと思います。結局、家で音読するときにも、きちんと意識しているかが大切で、ただ単に、「家で音読してきましょう」では、絶対にうまくいきません。家で一人でも意識して音読できるように、気を付ける観点を授業内で示しておいてあげることが大切です。

安易に「音読カード」におうちの人に丸を付けてもらうことは、やめたほうがいいです。音読カードに丸を付けてもらえない子どもは、結構しんどい思いをしているのではないでしょうか。おうちの方が付けているような体《てい》で、子ども自身が一生懸命サインを書いていることもあります。子どもに嘘をつかせないということは、生活指導と一緒で、大切なことです。簡単に「ねえ、音読聞いて」と言えない家庭環境の子どももいるのです。

ですから、一人で音読を練習することを教師は想定しなければなりません。**一人で練習する中で、何が音読では大事なのかが浮かんでくるように、学校で授業でしっかり指導**します。そのために、ポイントで短く止めて指導を入れていきます。

子どもたちにしっかり音読の観点を浸透させることで、「この段落とこの段落を読んできなさい。気を付けるところわかってますか？」ということができます。単元の冒頭では、必ずそうした指導をしてから、単元を通して音読の練習をさせます。要するに、音読の練習をさせるにも、意味があってやっているのかが重要で、ただ漠然と宿題で音読を出し、それを子どもがやってきても意味がないのです。**文章理解ができるような音読**を、ぜひさせてください。

そのための方法として大切なのが、「考えて音読をさせる」ことです。

音読が単なる音声発話になってしまっていれば、極端なことを言えば、宿題だからパパパパッと読んで終わってしまっているということです。「どういう音読をするのがいいのか」「どういうことに注目すればいいのか」ということを、子どもたち一人ひとりが理解し、その上で家に帰してあげることがすごく大事なのです（もちろん音読は学校でさせるのが大前提ですが）。
そして、それは、この後に読んでくる子どもにも作用していきます。

子ども17：「ユニホームは風をはらみ、口を大きく開けて、全身で喜びを表しながら走る選手の様子がよく伝わります。」
子ども18（F）：「アップ、でとると、細かい部分の様子がよく分かります。」
教師：わかりやすい。
子ども19：「しかし、このとき、ゴールを決められたチームの選手は、どんな様子でいるのでしょう。」
教師：はい、真ん中の列に拍手あげてください。
子どもたち：（拍手）
教師：何で真ん中の列の人がうまくいくかというと、最初の人たちが頑張ったからです。最初の列の人たちは何も言われずにいきなり読んでいるんです。真ん中の列は先生に指導されて、次に生まれ変わった。先生が別の子に話をしているときに、

それをずっと聞いている賢い人はちゃんと再現できるんです。自分のときに。最後の列、頑張ってね。
それが勉強ですから。それがクラスですから。とても大事です。今、Ｆさんめちゃめちゃ良かったよね。あれ忘れないでね。ぐにゃってならない。すごく良かったから。完全に5点ですよ。

ここでの教師のフォローがすごく大事です。子どもの気持ちになったら一、二班はどう思うかですよね。「俺たちには先に言ってくれなかった」と絶対に思います。そのままにしてしまえば、教室の濁りになります。ここでフォローするかしないかがポイントなのです。

一、二班の心を考えたら、「最初にこうやってと言ってくれたら、俺たちだってそういう観点で読めたのに」「俺たちはやり直しさせられている」などと思う子どもが必ずいます。そこで、「みんながうまくいったのは一、二班のおかげだよね」というフォローをちゃんと入れるようにしているのです。

つまり、授業においてはこうした細かいことが大事で、それが教師に対する信頼感、学級経営につながっていきます。子どもたちが納得して勉強できるように、私たち教師が意識しなければならない部分です。

そうして、次は、一、二班、三、四班ときたので、最後の五、六班に「頑張ってね」と話して続けます。

また、Fさんへのフォローも大事です。彼女はハキハキ読めないところがありました。一度英語の授業で失敗しています。担任ですから、英語の授業で失敗しているときに、「しっかり読もうよ」「発話しようよ」と言われた背景はわかっています。「今、すごく良い読み方だった！」となったときがチャンスなのです。そして、「今の読み方、覚えていてよ」と指導を教科内でつないでいるのです。

子どもたちにはいろいろな〝方位〟があり、担任として丁寧に見ているからこそわかることがあります。そうでないと子どもたちを指導できません。この授業だけを見れば、「ああ、うまい子かな」ときっと勘違いしてしまう先生もいるかもしれません。でも、この時間だけではなく、必ずつまずきや成長のドラマが以前から続いているのです。

私たちは血が通った教師です。Fさんがつまずいていることも目撃しています。そのことも合わせて丁寧にかぶせていくことが大事です。そういった指導に時間はかかりますが、その分、他の部分でテンポよくやればいいのです。教師が話した後は、すぐに「はい、次」「はい、次」「はい、次」とつなげていきます。必要なければ、一回一回のコメントはしなくていいのです。

教　　師：はい、ごめんなさい。どっからだった？　忘れました。
子どもたち：「それぞれのおうえん席の……」。
教　　師：ちょっと待って。「それぞれの」ってどこ？
子どもたち：十行目。
教　　師：ごめんなさい。十行目ね。
子どもたち：三十六ページの。
子どもたち：三十六ページの後ろから三行目。
教　　師：Tさん。三十六の十行目。「それぞれのおうえん席」から、どうぞ。
子ども20（T）：「それぞれのおうえん席の様子はどうなって……どうなのでしょう。」
教　　師：もう一回落ち着いて読んで。「それぞれの」……。

子ども20（T）：「それぞれのおうえん席の様子はどうなのでしょう。」（とても早い）

教　師：ちょっと待った。

最初のところ、わざと私がわからなくなります。一度、〝整え直した〟わけですね。全体を。付いてきていない子がいた場合は、時々こういう〝整え返し〟が必要になってきます。

次にTさんです。一度やり直しさせても直らない場合、どうしますか。これは困りますよね。教室の空気もピリッとしていて、みんな結構一生懸命読んでいますが、直せない子もいます。

その子は一生懸命やっていますが、間違いを重ねます。こういうとき、指導のシナリオは決まっていないので、教師はアドリブで対応していかないといけません。「やり直しなさい」と言うだけだったら、ふてくされてしまう子もいます。特に高学年では、「いや、違います」と言ってしまったら、しんどくなる子もいます。

教　師：ちょっと早すぎるね。もう少しゆっくり。（今の読み方は）

チョコチョコと駆け抜ける感じだから、もう少しゆっくり読んでごらん。「それぞれのおうえん席の様子はどうなのでしょう。」、はい。

子ども20(T)：「それぞれのおうえん席の様子はどうなのでしょう。」

教　　師：さっきよりいい。わかる？　そうやって読んで。Tさん、ちょっと早口なの、自分でもわかるでしょ。何かすごい高性能ロボットみたいに読む。

子どもたち：(笑)。

教　　師：それはそれでいいんだよ。早く正確に読めるのは抜群にうまいってこと。だけど、ちょっとだけ早すぎた。はい、次。

子ども21：「走っている選手以外の、うつされていない多くの部分のことは、アップでは分かりません。」

教　　師：うん、わかりやすい。

子ども22：「試合終了直後のシーンを見てみましょう。」

教　　師：うまい。

子ども23：「勝ったチームのおうえん席です。」

教　　師：うまい。
子ども24（Ｉ）：「あちこちでふられる旗、たれまく、立ち上がっている観客と、それに向かって手をあげる選手たち。」
教　　師：うん。落ち着いてもう一回読んでごらん。
子ども24（Ｉ）：「あちこちでふられる旗、たれまく、立ち上がっている観客と、それに向かって手をあげる選手たち。」
教　　師：まだちょっと早いよね。もうちょっとゆっくりでもいいよ。声いいからね、あなたは。
子ども24（Ｉ）：「あち……あちこちでふられる旗、たれまく、立ち上がっている観客と、それに向かって手をあげる選手たち。」
教　　師：Ｉさん、四つポイントがあるけど、どれかわかる？　どの言葉を盛り上げなきゃいけないのか。

ここは難しいところです。「あちこち」が言いにくいのです。この子は何度も間違っているので、次にまた直させたら微妙な空気になります。そのため、あえて違う内容を振ります。際立たせないといけないことが四つ入っています。

その四つはどこかを聞いて、この子に答えさせたい。この子が答えたという達成の事実をつくらないと、この子はつまずいたままになってしまいます。重たくなる。

この子の傷になってしまわないように、一旦「どこが大事な言葉か？」と答えられるような内容を聞き、「そうだよね」という空気をつくりたいわけです。かといって、「上手だよ」とは言えません。嘘はつけないので、**指導を継続するためにあえて違う内容を問いかけています。**

教　　師：Iさん、この文章には難しい言葉が四つもあります。一つ言ってごらん。この中で強調しなきゃいけない言葉。「アップ」だけではないですよね。

子ども24（I）：「あちこちでふられる旗」。

教　　師：そう、「旗」ですよね。あと三つわかりますか？

子どもたち：はい。はい。

教　　師：はい、D君、一個言って。

子ども25（D）：「立ち上がっている観客」。

教　　師：それです。「立ち上がっている観客」。あと二つあります。

子どもたち：はい。はい。
教　　師：何ですか。Aさん。
子ども26（A）：「たれまく」。
教　　師：その通り。「たれまく」ですよね。あともう一個あります。
子どもたち：はい。（挙手）
教　　師：強調しなきゃいけないのは何ですか？
子どもたち：はい。（挙手）
教　　師：はい、Sさん。
子ども27（S）：「それに向かって手をあげる選手たち」。
教　　師：その通り。「選手たち」ですよね。読みながら、これは大事だなと瞬間的に判断して、その言葉をちょっと強めに言う。これは難しいのです。これはもう中学生の読み方です。

ここで私は共感しています。読んだ子どもに、「あなたは難しいことをやっているんだよ」と言っている間に、この子は反芻して落ち着いてきます。そうすると、読んだときにまた変わるのです。

ただし、読む子にかかりきりになってしまったら、だんだん他の子どもたちはだれてしまいます。**一人の子を指導していても全員に意識を向け、手綱を締め続けないといけません。**

読んでいる子どもだけに集中してしまうと、クラス全体に意識が向かないので、そこは常に全員を意識する。ザルにならないよう、一人の子にかかりきりにならない状態にします。

そのため、**突然、全体に質問を振ることもして、適度な緊張感を持たせることもします。**「あと、みんなどこだっけ？」と質問して、発表させてから、またその子に戻します。しっかりと、もう一回その子に読ませます。

教　　師：難しいですが、でも、できる人はちょっとやってみなさい。「アップ」とか「ルーズ」以外にも、はっきりと言ってあげないとみんなわからないってことですよね。Iさん、それを意識して、その文をもう一回読んでごらん。はい。

子ども24（I）：「あちこちでふられる旗、たれまく、立ち上がっている観客と、それに向かって手をあげる選手たち。」

教　師：めちゃくちゃうまくなったよね。うまくなったなって思う人？
子どもたち：（拍手）

ここまでで、この子（Iさん）へのユニットは完結です。

教室で子どもがつまずく場合、今の感じを経て、一周まわってその子に戻す。そこまでが勝負です。完結させることで、その子にも満足感を持たせることができます。「次、頑張ろうね」で終わってしまったら、モヤモヤとしたままで終わってしまいます。**モヤモヤさせません。一回一回クリアにして次へ。その感覚が大事です。**

それぞれの子どものキャラクターも頭に入っていますから、子どもによって何回も挑戦させることもあります。ただし、二回目を繰り返させたときに沈みこむ子もいます。そういうキャラクターの子どもはまた別で、やはり最終的には**目の前の子どもに何ができるか見極めることが大切**なのです。

教師は、クラスの雰囲気を四月からずっとつくっていきます。子どもたちについても知っています。担任の先生というのはそれが利点です。三学期は、特に自信を持ってやっていくことができます。

今回の指導時の場合、一学期、二学期とこの子どもたちと付き合ってきました。だから、子どものキャラクターとして振っていいこと、振ってはいけないということを、その刹那に判断をしてやっていけるのです。もちろんうまくいかないこともあります。ですが、今の例で言うと、言葉と大切なポイントをIさんに固定させ、一旦全体に対する違う質問を挟みました。そこで落ち着きを取り戻させて、もう一度音読の世界に戻しました。それがうまく機能したということです。

教　　師：**あー、いいね。ものすごくいいです。それを家で練習するんだよね。宿題のときね。はい、次の方。**

子ども28（N）：「選手とおうえんした人たち……おうえんした人たち……選手とおうえんした人たちとが一体となって、勝利を喜び合っています。」

教　　師：**もう一回ゆっくり読んでごらん。**

子ども28（N）：「選手とおうえんした人たちと」……えっ？

子どもたち：「人たちとが」。

子ども28（N）：「選手とおうえんした人たちとが一体となって、」……。

教　師：合っているよ。
子ども28（N）：「勝利を喜び合っています。」
教　師：はい、みんなで読みます。さん、はい。
子どもたち：「選手とおうえんした人たちとが、一体となって、勝利を喜び合っています。」
教　師：実際に点は付いていませんが、今、みんなは勝手に点を付けたようにして読みました。とても上手に読めました。それはどこですか？
子ども29（W）：はい。（挙手）
教　師：ほら。ここで手を挙げる人は本当に授業に集中してるね。Wさん、どうぞ。
子ども29（W）：「選手とおうえんした人たちとが」の「が」（の後）。
教　師：その通り。そこですよね。これは点がないけれど、教科書では間を空けたほうがいい読み方っていうのがあります。ここ、N君、実際に読むのは難しいんです。「おうえんした人たちとが一体となって」という意味なのね。わかる？　はい、い

きます。次、どうぞ。

個々で読んでいる間にも、こうして、時々全体に振り、一斉音読をさせます。そして次に、何度か間違ってしまったN君へのフォローを入れているわけです。

子ども30：「ルーズでとると、広いはんいの様子がよく分かります。」

教　　師：**うん、うまいですねえ。**

子ども31：「でも、各選手」……「でも、各選手の顔つきや視線、それらから感じられる気持ちまでは、なかなか分かりません。」

教　　師：**はい、上手でした。ここ、もう一回ありますよね。どの言葉を強く読む？　どの言葉を強く読むといいと思いますか？**

はい、Kさん。

子ども32（K）：「気持ち」。

教　　師：**そうです。はい、「気持ち」。一個出ました。はい。「それらから感じられる気持ちまでは」の「気持ち」ですよね。Gさん。**

子ども33（G）：「顔つきや視線」。

教　　師：はい。二つ出ました。「顔つきや視線」。まとめて出てきた。まだあります。「それらから感じられる気持ち」「顔つきや視線」。これで終わりかな？　でも一個、もう一個言うとすれば、どっちが何なのかというところですよね。はい、R君。
子ども34（R）：「感じられる」。
教　　師：「感じられる」。それは気持ちに合わせようか。感じられる気持ちが何なのか。結局だから何なのって話でしょ。はい、Bさん、何？
子ども35（B）：それは、「なかなか分かりません。」。
教　　師：そう。「分かり」……。
子どもたち：「ません。」。
教　　師：「分かりません。」だよね。「などが分かる。」じゃなくて「分かりません。」。これはポイントになる言葉ですよね。はい、次行きましょう。
子ども36：「このように、アップとルーズには、それぞれ伝えられることと伝えられないことがあります。」

教　　　師：上手。戻るよ。

一周終わったところですが、ここで終わりません。二周目にいきます。最初にいきなり読ませ、直していった子どもたちのグループまで戻してから終わります。

子ども1：「それで、テレビでは、ふつう、何台ものカメラを用意していろいろなうつし方をし、目的におうじてアップとルーズを切りかえながら放送をしています。」

教　　　師：上手でした。あなた、何、落ち着いてるの。（もう当たらないと思っていたような子に突っ込んでいる）

子どもたち：（笑）

教　　　師：「僕、もう、お茶飲んで午後暮らしています〜」みたいな。しっかりせえよ。せっかくチャンスや、二回目の。こっちの人たちは読めないよ、絶対に二回は。ラッキーなんだよ。はい、読んで。

子ども2（C）：「写真にも、アップでとったものとルーズでとったものがあります。」

教　師：読み方、うまいね。

ここで「読み方、うまいね」とささやかにフォローしています。フォローしてあげないと、C君をドンといじったので、次はちゃんと読めたら「読み方、うまいね」と言ってフォローしています。教師は常にいろいろなことを考えていなければならないのです。

教師の役割というのは本当に難しいです。ですが、クラスや子どもたちの空気が一番わかっているのは担任です。ただ読ませていく、ただ列ごとに分けていくだけではプロとしては能がありません。やってみて失敗だったというのはありでしょう。何も考えていないで授業するというのとは違います。

子ども3：「新聞を見ると、伝えたい内容に合わせて、どちらかの写真が使われていることが分かります。」

教　師：めちゃくちゃうまくなってるね。

子ども4：「紙面の広さによっては、それらを組み合わせることもあります。」

教　師：上手やな。

子ども5（O）：「取材のときには、いろいろな角度やきよりから、多くの写真をとっています。」

教　師：うん。もう一回、O君読んでごらん。ポイントとなることは二つ。

子ども5（O）：「取材のときには、いろいろな角度やきよりから、多くの写真をとっています。」

ここでは、この子にやり直しをさせました。ポイントとなる言葉は二つありましたが、その言葉を引き立てて読んでいるようには思えなかったのですね。そして、この子はもう一回要求しても耐えうるキャラクターでしたので、やり直しをさせたのです。

「もう一回、読んでごらん」と言ったときに、手を挙げている子どももいます。他の子どもたちは、頭の中に次にポイントとなることはどれだろうと思って**考えながら**聞いているわけです。

この聞き方がすごく大事で、ポイントを考えながら自宅でも練習をします。

この例は、『アップとルーズで伝える』の授業の導入に近い部分です。音読活動は読み取りにつながっていきます。ですから、ちゃんと正確に読ませないといけない。そしてスラスラと読ませることにプラスして、音読は**授業の段階によって目的が違ってくる**ものです。

授業の最初の段階では、内容の理解をベースに置き、スラスラ読みを実行させていくので、教師の介入も強くなります。教師がこの言葉とこの言葉と決め打ちをして、「特に強くなる言葉はどれですか？」と聞いています。

子どもたちは、自宅でその〝言葉の粒〟（いわゆるキーワード）をちゃんと意識し、ただの音読として読まず、「アップ」と「ルーズ」などそれぞれ意識して読んでいると思います。

それを明確にしなければ、「アップとルーズで」と平板に読んでしまいます。そうではなく、「アップ」と「ルーズ」は反対の概念ですので、それを音読の中で読み取らせることが、**思考がプラスされた音読**だということです。

音読一つとってもいろいろな要素が含まれ、読み取りにつながる効果もあります。

子ども5（O）：「取材のときには、いろいろな角度やきょりから、多くの写真をとっています。」

教　師：**よく感じ取った（キーワードを強調したことを褒めている）。**

子ども6（U）：「そして、その中から目的にいちばん合うものを選んで使うようにしています。」

教　師：**上手や。**

子ども6（U）：「テレビでも新聞でも、受け手が知りたいことは何か、送り手が伝えたいことは何かを考えて、アップでとるか、ルーズでとるかを決めたり、とったものを選んだりしているのです。」

教　師：**はい。今、Uさんの読み方も六年生ですね。素晴らしいと思います。**

子どもたち：（拍手）

教　師：はい。この音読だけをとっても、昨日、宿題でしたが、おうちで一回でも読んだという人？　ちゃんとやった？　じゃあ、三回以上読んだ人？　わあ、すごいね。当たり前のようにそういう人がいる。はい、手を下ろします。Uさん、やっぱりすごい練習してるんですよね。読むときのポイントって

わかった？　はい、Kさん。今日、おうちではどんなことに注意をして読んできますか。

ここで、読むときのポイントをもう一度詰めます。この授業で、二つほど大きなポイントを入れました。まず一つが、**勝手に区切ってもいい**ということ。もう一つは、**ポイントとなる言葉「キーワード」を自分で選定して読みなさい**ということ。

この二つに共通しているのは、思考している、ということと相手意識ということです。きちんと考えて読む。そして、相手がわかりやすいように読む、独りよがりの読みにならないということを、四年生の段階でしっかりと入れていきます。

音読でも、フォローの仕方など教師の役割についていろいろと見えてくるものがあります。ある子をフォローしたり笑いを入れたりするのは、教室の雰囲気をつくることにもつながっていきます。また、同じ子ばかりに言わず、他の子がおろそかにならないようにしていくなど、クラス全体に目を行きわたらせながら、様々な工夫と気配りで教室の雰囲気をつくっていくのです。

/ COLUMN 2 /

ねらいに沿った「音読指導」を

「音読指導」は《ねらい》によって方法を変えます。

教師が無思考に読ませているだけでは子どもも無思考になりますし、子どもに力はつきません。

今回、CHAPTER 4 で扱った「〈実録〉「音読」指導」は、「内容を考えさせるため」をねらいの中心とした音読指導です。ですから、「キーワードとなる言葉をあえて強調して読ませるような流れ」となっています。

よく研究授業などの導入で、「音読」をさせる場面を拝見するのですが、「導入」として「ただ、音読している」場合が多いような気がします。

そこに必要なのは、今、何がねらいで音読させているのか、ということ。「ただ、音読させている」という状態にならないことが大切です。例えば、音読は次のようなねらいがあって行われます。

①教材文理解のための前提としてスラスラと本文を読めるようにするため。
②今から授業で扱う教材文の箇所を認識させるため。
③教材文理解を深めるため。
④音読を通して、個々に達成感を持たせるため。
⑤群読をしてクラスとしてのまとまりを生み出すため。
⑥授業に一気に集中させるために、音読を授業の導入とするため。
⑦その授業で学習した教材部分をまとめとして音読で振り返るため。

ざっと挙げてきましたが、まだまだいくらでもケースは挙げられます。ここで大切なのは、教師が「何がねらいか」をきちんと意識していることです。

例えば、④がねらいなのに、初読の箇所を音読させては、間違えたり、つかえたりするケースが生じ、決して「達成感」を持たせることはできません。

例えば、今から③の教材文理解をねらいとして音読させるのに、声の大きさや句読点を守れていない、と指導するのは意味がありません。

これらは極端な例かもしれませんが、**日常的に行われている「音読」だからこそ、少し意識するだけで授業はねらいに沿った締まった内容となります。**「日常」を変えるから、授業改革は起こります。

まずは一度、「音読」という窓から、「ねらい」について意識し直してみてもいいのではないでしょうか。

CHAPTER

5

「話す・聞く」指導での教師の日常改革

CHAPTER 5/01

「話す・聞く」指導では子どもの発言を繰り返さない

子どもが子どもに呼びかける

子どもの発言を繰り返すことは、教師の役割ではありません（25～31ページ参照）。「話す・聞く」指導においては、これがすべてです。

声が小さくて聞こえない子どもに対して促すことはしますが、望めば**子どもが子どもを促したり、子どもが子どもに呼びかけてくれる**こと。日頃から、そうした学習環境を目指して、教師は授業づくりをしていかなければなりません。

こうした学習環境は、一年生でも練習をすれば十分にできることです。

意見を言う場面、子どもはいきなり「賛成ですか？」と聞きがちですが、一年生であれば急に答えられないことがほとんどです。だから子どもも止まってしまいます。

そのとき、教師が、「ちょっと答えにくかったよね。『僕の話わかりますか？』ぐらいにしたら？」「『僕はこう思ってます。どうですか？』とかにしたら？」と助言を与えながら教えていきます。

四年生でもそうです。「わかりますか？　賛成ですか？」「私の意見に賛成の人？」などと急に聞く子が多いものです。そうした場面では、問い方の指導をするのです。

子どもの「待った」を見逃さない

また、授業の中で、子どもたちから「ちょっと待ってください」「時間をください」と言ってくる場面があります。これはかなり貴重だと思います。本来、子どもはなかなか自分で止められないものだからです。

「ちょっと整理する時間をください」などと、話し合いや座談会などとの取り組みの中で出てくるのは、とても貴重です。教師は、そうした発言を聞き流さずに、しっかり注目して、褒めてあげるようにしましょう。

ただ言えない場面が多いので、日頃から「わからない、聞き逃した、はスルーしないで〈ちょっと待ってください〉と言いなさい」と子どもたちに促しておくことです。

CHAPTER 5/02

授業45分間における教師の発言分析

「褒め言葉」三十五回

愛知県の小学校三年生のクラスで、『モチモチの木』の飛び込み授業をしてきました。この記録から、授業45分間における教師の発言内容を紐解きたいと思います。

『モチモチの木』の授業の単元の最後に授業をしました。三十五人のものすごく元気な学級です。元気でキラキラした子どもたちが、「よろしくお願いしまーす」と強烈な迎え方をしてくれました。しかも、後ろの小黒板には「森川先生いらっしゃい！」と書いてあるので、すごい先生が来るみたいな（笑）。最初から非常にハードルが上がっていたのですが、私も負けてはいられません。絶対に楽しくやろうと思いながら始めました。

その日の授業では、『モチモチの木』の主人公である豆太の人柄を、最後に固定するということに取り組みました。作品全体を通して、日頃、弱虫と思われている豆太は、いざとなったときに勇気を出せる子どもであった、というまとめです。とにかくわかりやすい授業をすることを心がけました。

登場人物の人柄をまとめるときに、私はよく表情が書かれた「アイコンカード」（森川国語教室用語）を使いますが、これを場面ごとに書かせていきました。クライマックスの場面はある子が「勇気」と言ったのですが、それに全員すぐ納得してしまって「勇気だ、勇気だ、そうだ」と話し合いが終わろうとしました。私はもっと違う言葉も探してほしいと思いました。

友だちが「勇気」と言って、それですぐ終わってしまったら、クラス全員でせめぎ合う場面がありません。「勇気か。もっと違う言葉はないか」と投げかけると、「やさしさ」や「愛」という言葉が出てきました。「ああ、そういうことだよね。いいのが出てきたね」となったところで授業をしめくくりました。

この飛び込み授業45分間の私の発言の内訳を、担任の先生がすべてカテゴライズしてくれたのですが、その分析の中で一番印象的だったのが、私が発した子どもたちへの**褒め言葉が三十五回**あったということ。つまり、**90秒に一回褒めている**ということになるのです。

授業への意欲付け

褒め言葉を細かくカテゴライズしていくと、一番多いのが「授業への意欲付け」で、三十五回中、十二回あったということです。これは面白い分析です。

例えば、「元気があっていいね」「教科書を開くのがすごく早いですね」など。教科書を開くのが早いというのは、実は「早く開けよう」ということを全体に伝えたいわけです。つまり、これは隠れ指示で、「できている、できていない」はほぼ関係なく、できるように促しているわけですね。

また、「すごいね」「もう、『あー』って言った子はもう覚えているんだね」「いい顔しているね。あれ誰？」「上手にやりきったぞ！　拍手してあげて」「ポジティブやなあ。なければ作ればいい」など と（羅列するだけでは意味がわかりにくいですが）、子どもたちにやる気を出させるために言っています。

ポジティブに勉強していく良い集団でしたが、さらに褒めて、やる気を出させるために言いました。

さらに、「よくわかっているな」「これ難しい質問やな。四年生や」「みんな賢いから四年生のつもりで授業しています、先生は」。これらは、ちょっと難しい質問をしたときにも、子どもたちをやる気にさせる言葉です。

発言した子どもには、「わかりやすい発言だね」「みんなやっぱり細かく考えてるな。先生、ザクッと考えて出しすぎたわ」などと言って褒めています。これは、子どもたちにもっと細かく考えてほしいためです。

そして、「愛だな。愛知県の愛か。うまいこと言うな」。「愛」というワードが出てきたときに言いました。「豆太の愛。あー、いいこと言うな」と。

最後に、「えー、チャイム鳴っちゃったけど、みんなすごく勉強頑張る子だねえ。先生のクラスの子に言っておきます。すごい三年生がいるよって」と話をして授業をまとめました。

行動への意欲付け

次に、行動への意欲付けが十一回でした。

飛び込み授業という性質上、学級経営をしながらの授業です。子どもたちと関係を築きながら自分が思うように授業をつくっていかなければならないため、当然、褒めたり、認めたりする回数も増えます。

例えば、「○○です」という発言に対して、「あっ、いい言い方だね。話もよく通るし、いい声だね」『ああ、うまいうまい。それ、その手の挙げ方いいね』などと褒めています。

実際、このクラスの子どもたちは、非常に意欲がありました。冒頭から「はい、はい、はい、はい」という感じでしたので、『「はい」と言わずに、かっこよく挙げるやり方を教えるから、そのやり方を練習して』と黙って手を挙げさせるようにしました。それは要するに、「はい」が多いと、教師の動きも子どもたちの動きも見えなくなるからです。私のクラスでも、「はい、はい、はい、はい」と言ったら、「静かに。黙って挙げて」と言うようにしています。子どもたちは、当ててほしいからとつい声が出てしまうものです。

また、「ちゃんと聞いているね」「いいクラスだよね」「今の声で、一生懸命みんなで聞こうとしている姿がいいね」と、全員で一人の子に耳で集中させるために褒めました。

さらに、発言を「さん、はい」と全体に繰り返させて、「よく聞いてた。いいクラスだね」と言っています。この「さん、はい」はやはり聞かせる手立てとして効果的に使えます（25～31ページ参照）。

活動を止めた後の「はい。ストップしなさい。ごめんね、いきなりストップして。

今、そのペア早い。あなた早い。あなたも早い」と褒めたりするのは、ペアとしてのあり方を示したということです。

教師自身の中に明確な授業の理想型というものがあれば、どんなことを言ってもそこへと寄せていくことができます。そのためにも、キビキビ答えさせる、テンポよく取り組ませていくといった授業のイメージを具体的に持つことが必要です。同時に、子どもたちに褒めていく言葉をかけて、どんどん底上げをする。適度にお尻を叩かれながらも、子どもたちは気持ちよく激励されて走っていくイメージです。四月に出会った子どもたちにこれを丁寧に行っていけば、初めは時間はかかりますが、後で必ずその投資は戻ってきます。

逆に怖いのは、淡々とスイスイ単元を進めてしまっている状態です。実際、国語科ではなかなかできないことです。山登りにたとえれば、まだ登るところまで準備ができていないのに、バンバン登ってしまうイメージです。

発言方法や聞き方など、学習に必要な指導にいろいろとこだわれば、一学期はほとんど遅れるものなのです。遅れるけれども、徐々にスピードは上がっていきますので、後で必ず帳尻は合います。一～二学期での堅実な投資が大事だと思って、こだわるところはとことんこだわってください。

ここはもういいというところは飛ばし、対話や発表に時間を割いたり挿げ替えたりしてもいいのです。目的さえちゃんと持って取り組んでいれば、特に国語科は成果が表れてきます。本当にここで力をつけたいというところにこだわって、時間をかけるところはかけるというように軽重をつけていけばいいのだと思います。

ねらう価値観への意識付け

教師がねらいとしている価値を意識させるための言葉がけ、つまり価値観への意識付けは、九回でした。

例えば、子どもの発言に関して、「勇気を豆太が出せるシーン。いいこと言うなあ」と言ったのですが、これは、豆太がその刹那に勇気が出た、その「人柄」を押さえさせたいがために出た言葉がけです。そこに誘うための質問なのです。

また、「今、キーワード出てるわ」「これはなかったわ、先生の（表情の）絵には」と、わざと微妙にズレた絵を描きます。そして、「先生、こんな表情の絵はないです」と子どもに言わせて、「そうか、そうか。ごめん、ごめん」ともっていきます。わざと教師が間違えることで、子どもたち自身に「豆太の顔はこの表情です」と描かせるためです。描かせたら、「すごいな。あなたたちのほうがいいわ」「先生よりうまく表せる人がいる」としっかり褒める。これは、四の場面の豆太の表情を描かせているときにかける言葉です。

そして、「絆か。みんないいこと言い出したなあ」「いいこと言ったね。今いいこと言ったな」と伝えています。つまり、「今、いい言葉出たな」と言うことで、価値付けを行うのです。「あー、違う気持ち。先生の代弁してくれた。嬉しいな。違う気持ちを言ってくれた。いいことに気付いたな」と、ここぞとばかりに畳みかける感じです。

失敗や勘違いをしている子へのフォロー

最後に、失敗や勘違いしている子へのフォローとしての言葉がけです。これは、三回でした。

失敗はさせてもいいですが、恥をかかせてはいけません。

無言で挙手という指示の直後に、「はい」と言ってしまった子に対して、「やる気が溢れてるな。いい子やな、君はほんまに。でも、今日は違うで」と、言いました。

また、「〜思いますか?」という子どもへの問いかけで、こちらがねらった反応ではなかったときに、「ううん。そうじゃなくてね。手を下ろす。みんなやる気に溢れてすごく嬉しい。はい、はい。でも、言い直そう」と伝えました。これは、つまりやり直しをしなさいということを指導したかったのです。

意識していなければ褒められない

褒め言葉だけを抽出しても、子どもたちとせめぎ合いの中でとっさに出していることに気付かされます。子どもたちに一番その瞬間に刺さる言葉を出したいと、必死にやっているわけです。

「褒める」というのは、おだてることではありません。「褒める」ことは価値付けすることであり、指導することでもあります。褒めることは学級経営の一つなのです。

褒めるためには、教師が気付かないといけません。意識のある先生方だったらすぐに気付くと思いますが、子どもを褒めるポイントは意識していないとなかなか気付けないものなのです。褒めることは、非常に深い意味があるということを知ってほしいと思います。

ちなみに、45分間の発言の内訳ですが、褒め言葉が三十五回であったことの他に、授業に参加させる言葉がけが四十回、発問や作業指示が十四回ありました（例えば、「ノートをしまいなさい」「ノートを出しなさい」も指示として一回です）。

授業で褒める回数が多いということは、学級経営では、より意識して行っているということでもあります。日頃から、子どもたちの良いところを見落とさずに伝えていきますので、どんどん成長が見られればさらに褒めることが増えていきます。

基本、「褒める」ということにはいろいろな意味が含まれますので、大切にしてほしいポイントです。ただ「素晴らしいね」ということではないのです。

/ COLUMN 3 /

あなた自身が、子どもが「聞ける」環境になっているか

子どもが聞けるか、は教師にかかっています。3つのケースを考えます。

まずは【反応速度】の問題。あなたは、反応速度0秒！の先生、になっていないでしょうか。子どもの発言に即レスする！（笑）

子どもが発言したときにすぐに反応すると、周りの子の反応する機会を奪ってしまい、聞く力は全く育ちません。自戒も込めて言いますが、これ、結構やってしまっていて、「先生＝子どもの話を正対して聞く存在」という教師たるものの大前提が作用しているのでなかなかぬぐえません。

ここでは、「子どもたち全員が今から発言する子の話を聞こうと思って聞いているか」という意識をまず働かせて、意図的に反応をしない、という行為をつくり出していく必要があります。

次に、【順番】の問題。あなたの反応は次のいずれの順番を生んでいるでしょうか。ちょっと考えて見てください。

①子ども → **教師** → 子ども、②子ども → 子ども → **教師**

子どもが「聞く力」を身につける上では、あなたが子どものやり取りの間に挟まっていることがえって邪魔になります。教師には、「受け取り癖」みたいなものがあって、常に子どもの発言を一旦受け止め、それをわかりやすく場に（周りの子に）広げる、ということを無意識にしていないでしょうか。そういうことが必要な場合もありますが、基本的に子どもが発言をしたら、教師はしっかりと聞いておいた上で（←ここ大切です）、即レスしない。そして子どもたちの反応を待ちます。「即レス」は子どもがするのです。

低学年は余計に教師に話そうとしますが、そこでも、「みんなにわかるか聞いてごらん」とか、「『同じ人いますか？』と聞いてごらん」と促すことで、「子ども → 子ども」の流れはつくり出せます。

最後に【反応の質】の問題。教師は子どもの発言に対して、意識的に「とぼけ」たり、「無反応」を装ったり、逆に「ニヤニヤ」したりすることで子どもの「聞く」を促し、思考をゆさぶります。これが面白い。子どもたちは先生の反応をよく見ています。それを逆手にとって、意識してリアクションをとるのです。そうすることで、**「先生の反応はあてにならない（！）」**という感覚を生み（笑）、私たちでな何とかしないと、といろいろ思考させましょう。

CHAPTER

6

「読む」指導での教師の日常改革

CHAPTER 6/01

読み取りの授業づくりの中での日常改革

初めての「人」と出会うように「教材」と出会う

私が、日常、行っている国語授業のつくり方を具体的に紹介します。

教材との最初の対話、それが「出会いの感想文」です。物語文単元、説明文単元の授業の流れの中で、教材と対話を始める第一歩となります。

これから学習する教材文（テキスト）と真摯に向き合う。

子どもたちに教材と全身全霊で向き合わせます。そのときは、**「初めての人と会うように丁寧に、心を込めて出会いなさい」**と声をかけます。

「日常」に起こす主体的で対話的な深い学び

出会いの感想文は、「教材との対話」、そして、それを通した「自己との対話」です。テキストを読み対話しながら、感想を書き、自分と対話していきます。

そしてその後は、クラスでそれを発表して読み取りの交換を行い、友だちの発言を聞いていくことで、「仲間との対話」が行われます。

授業というものは、本来、対話的なものです。自分の書いたことをみんなに聞いてもらったり、みんなが書いたことを聞いたりします。

「出会いの感想文」を書くという活動を位置付けると、自己との対話、仲間との対話が授業の単元の中で繰り返され、そこに主体性が出てきます。自分の中で生まれた考え・思いを持っていれば、授業中に「私と一緒だな」「違うな」と比べたり、発言したりできるようになるのです。

単元を行う前に自己と対話しながら書くのが**「出会いの感想文」**。

単元が全部終わった後に、教材と成長した自分と対話をしながら書くのが**「まとめの感想文」**です。

まとめの感想文では、他の子どもたちの意見も入ってきます。最初に教材と対話した出会いの感想が、深みをともなって変わっていきます。それはつまり、自分が仲間とともに教材に近づいた、ということです。

単元の途中は「振り返り」を機能させる

授業が進む中で、話し合いなど仲間と対話的な活動をしたときには、その都度授業の「振り返り」をさせます。

①自分の成長（変わったところ）、反省、次への意気込み
②友だちの発言、友だちの名前
③今回の授業で学んだこと
④授業で言えなかったことや、自分なりの発見や、オリジナル意見
⑤クラスとしての様子など（話し合いの仕方、発表、聞き方など）
⑥その他（これまでの学習や他の教材と比べるなど）

この中でも特に対話を生み、授業が自分ごと（主体的）になるのが②です。これらの観点を与え、地に足のついた意味のある「振り返り」を書かせましょう。

次は二年生『わたしはおねえさん』（光村図書）の単元での「振り返り」の一つです。「振り返り」が機能することによって、対話的な授業へと圧倒的に変化していきます。

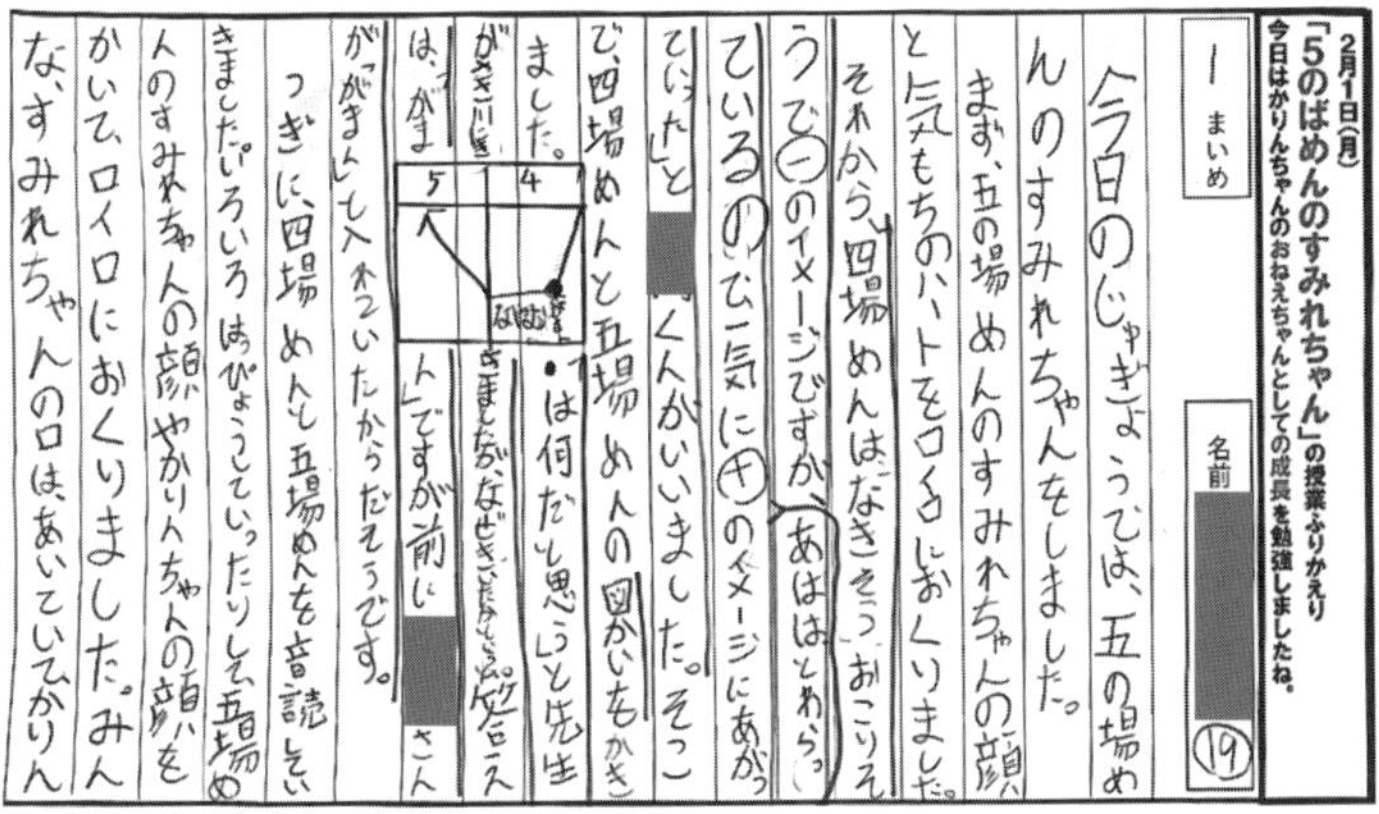

2月1日(月)
「5のばめんのすみれちゃん」の授業ふりかえり
今日はかりんちゃんのおねえちゃんとしての成長を勉強しましたね。

1 まいめ

名前 [redacted] ⑲

今日のじゅぎょうでは、五の場めんのすみれちゃんをしました。

まず、五の場めんのすみれちゃんの顔と気もちのハートをロイロにおくりました。

それから、四場めんはなきそうおこりそうで(ー)のイメージですが、あははとわらっているので一気に(+)のイメージにあがっていったと[redacted]くんがいいました。そこで、四場めんと五場めんの図かいをかきました。•は何だと思うと先生がき

は、「がまん」ですが前に[redacted]さんが「がまん」も入っていたからだそうです。

つぎに、四場めんも五場めんを音読しきました。いろいろはっぴょうしていったりして五場めんのすみれちゃんの顔やかりんちゃんの顔をかいて、ロイロにおくりました。みんな、すみれちゃんの口は、あいていてかりん

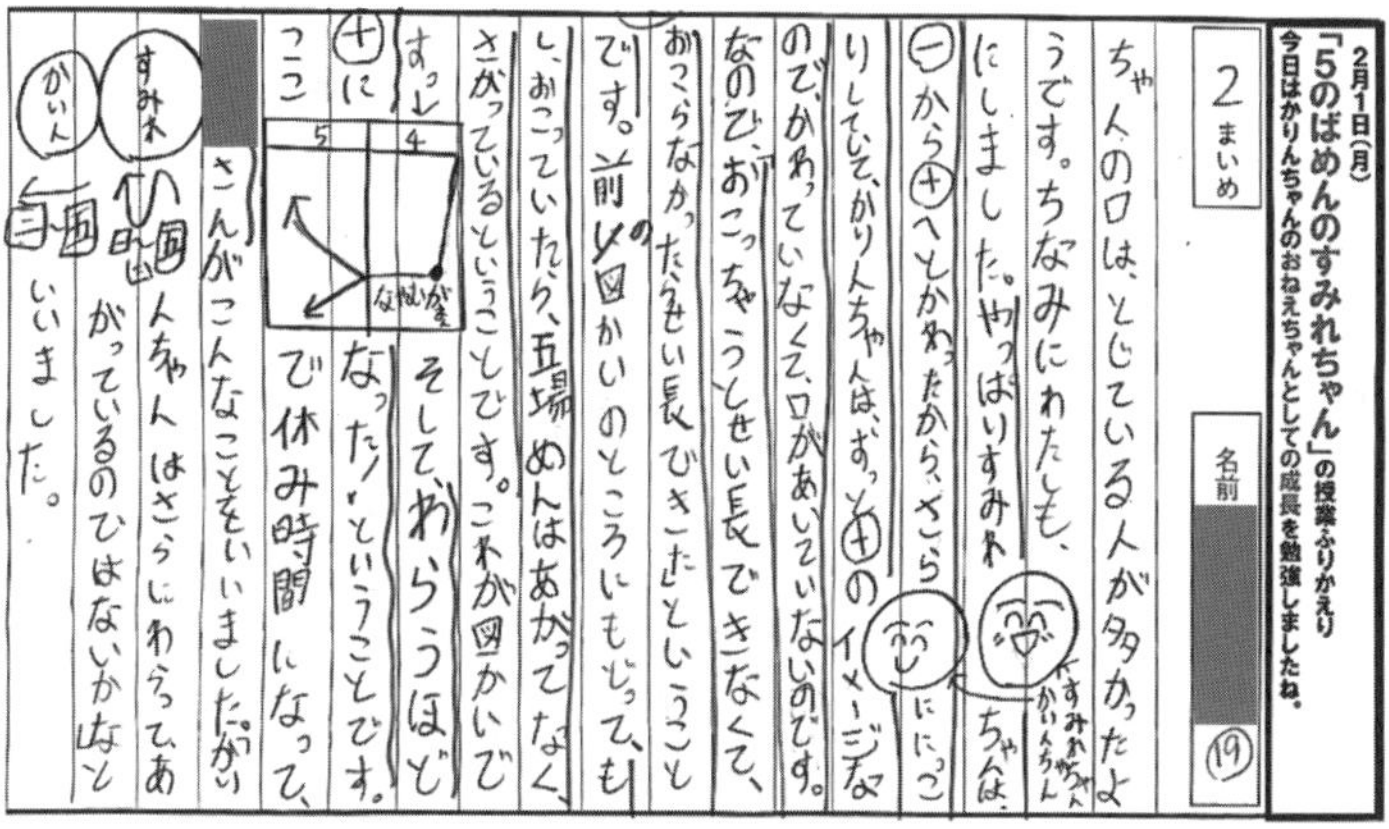

2月1日(月)
「5のばめんのすみれちゃん」の授業ふりかえり
今日はかりんちゃんのおねえちゃんとしての成長を勉強しましたね。

2 まいめ

名前 [redacted] ⑲

ちゃんの口は、とじている人が多かったようです。ちなみにわたしも、すみれちゃん かりんちゃん にしました。やっぱりすみれちゃんは、(ー)から(+)へとかわったから、さらににっこりしていてかりんちゃんはずっと(+)のイメージなので、かわっていなくて、口があいていないのです。なので、おこっちゃうとせい長できなくて、おこらなかったらせい長できるということです。前の図かいのところにもどって、もし、おこっていたら、五場めんはあがってなく、さがっているということです。これが図かいですっと(+)になった。そして、わらうほどなった！ということです。

ここで休み時間になって、[redacted]さんがこんなことをいいましたがかりんちゃんはさらにわらってあがっているのではないかなといいました。

そして、それも6時間目にはっぴょうしました。でも、[redacted]くんが「それだったらずっとあがりつづけていることになるからさいしょへんはまっすぐでそれから、あがっていく方がいい」といっていました。

つぎは、すみれちゃんのノートというので、ぐちゃぐちゃのコスモスの絵を「けしかけてでもけすのをやめて」でなぜけさなかったかいっていくことになりました。[redacted]さんは、「かわいく見えてきたし思い出にのこす。」ということでした。[redacted]さんは、「かりんちゃんのせっかくかいたおべんきょうだから。」といっていました。[redacted]くんは、「[redacted]さんににていて、大じになってきたけしたくない。」です。[redacted]くんは、お母さんにおこられる。」といっていました。[redacted]くんはそれにたいして、かりんちゃんがかいたせっかくの絵をけしたらおこられる」といっていました。そして、かいた本人の[redacted]くんも理ゆうをいいました。それにたいして、[redacted]くんは、「おえかきしたからお母さんは分からない」といっていました。先生も「すみれちゃんのノートにかりんちゃんがかいたんだから、かりんちゃんもおこるんじゃないかなといいました。[redacted]さんは、「かりんちゃんが生けんめいかいたし、かわいくおもったから。」です。[redacted]さんは、「おねえさんとしてのやさしさ」といっていました。それはみんながいたこともにつながっていてこの話だい名は、わたしはおねえさんなのでいいけんです。

そしてわたしも、そういうことははっぴょうしましたが家でもう一ど考えると、前の4場めんでもう一ど、ノートを見ました。じっとしずっとというところのすみれちゃんの気もちについて考えましたが、つぎの五場めんで、あはは」とわらったじてんで、でもやもやはきえさって、心の中は、すっきりとしておちついたので、へいわな心でノートを見た時、もうゆるしていて、すでにおねえさんとして、せい長しているので、「けしかけて、でもけすのをやめて、すみれちゃんは、つぎのページをひらきました」ということでつぎにつながったんだなあと思う。

それを経た「まとめの感想文」には、友だちの名前が大量に出てくることになりますし、さらには、授業を進める中で自分が頑張ったという「自己の成長」が実感されるようになります。

「できることが言える子」を育てる学びの流れ

学習指導要領で示された育成すべき資質・能力の三つの柱の一つである「知識・技能」では、「何を知っているか、何ができるか」までが求められます。「何が自分はできるようになったのか」を子どもが自分で言えるかどうかは、教師が意識して授業をしているかにかかっています。

例えば、国語科の授業で『ごんぎつね』を勉強して、「ごんがかわいそう」ということで終わるのでは学校での学びとしては足りません。これは、「できるようになったこと」ではなくて、「感想」です。しかし、「感想」の言い合いで終わってしまっていることはないでしょうか。その後の読み取りを深めるために、様々な感想を共有することはありますが、感想がゴールではありません。

「『ごんぎつね』を通して色で作品を語れるようになりました」
「イメージという言葉を使って作品を語れるようになりました」
「この文章は実は伏線になっています」

などと、**子どもが自分で**教材にアプローチし、気付き、その気付きをアウトプットできる（話せる・書ける）ということが大切です。

そして願わくば、そのことを生き生きと話している様子を実現させたい。教材から宝物を見つけたかのように。

その学びの過程を支えるものが、「出会いの感想文」「まとめの感想文」なのです。

次に、大まかに学びのプロセスのチャートを示します。

【出会いの感想文】
まず自力であらゆる観点から教材に対してアプローチし、自分の考えを持ち、
↓
【授業で共有】
持ち寄った考えをシェアし（インプット・アウトプット）、

【授業で蓄積・創造】
↓
新たな知識を得る、考えを構築する
【まとめの感想文】
↓
学んだことをまとめることで再構成し、固定する

学びを支えるのは「書くこと」

「出会い」と「まとめ」で学びをサンドイッチする授業づくりのかたちは、「子どもたちが宝物を探し出すかのような様子」を実現します。それは、「出会い」を書くことで「それまでの学びが使える」という状況を生むからです。

前単元で学んだことを活用できるわけです。学びがつながる。

一学期の最初の物語教材で「情景描写とその機能」を学習し、その概念を次の物語単元の教材から自力で発見することができたら、それは「学びの面白さ＝快感」とな

ります。それが「宝探し」の体《てい》をなすわけですね。

さらに、その後に展開される授業ではまず、子どもたちが「出会いの感想文」で書いた「（□□）物語」（次ページで詳細）を取り上げます。子どもたちが自分でファーストインプレッションとして立ち上げた読み取りの柱が「（□□）物語」。物語を一言で表してみる。それを出し合った上で、「さあ、授業をしていこう。自分で定めた（□□）物語はふさわしいのだろうか」と「授業」という教材への読み取りの旅が始まるイメージです。楽しそうでしょう（笑）。

次に、単元末に書く「まとめの感想文」。

「まとめの感想文を書かせる」というのは、物事を再構成できる、再現できる、活用できる子どもを育てる、ということです。それが次の学びを支える。単元末に改めて「学習内容」や「気付き」が整理されて残されるからこそ、意識の中にも残り、次の単元に生かされるスタンバイがされるのです。そしてこの行為こそ、「何を理解しているのか・何ができるのか」が言える子どもを育てるのです。だから、次の学びを支える「まとめの感想文」を残させることが大事なのです。

単元の学習では、きちんと「振り返り」や「まとめ」を書き残させる、ということが大切で、また同時に子どもがそういった「振り返り」をきちんと書き出せる、書き切れる、ということが大切です。

「書ける子ども」を育てなければなりません。それが学びを定着させたり、学びを支えたりすることになりますから。

「書く」ということから目を背けてしまっては、これからの子どもたちに知力をつける授業はなかなかできないと思います。

私の授業において、「書く」という行為は学びの〈核〉たるもので、子どもたちに指導する上で、ごまかしが利かない重要な位置を占めます。

このような流れで授業を行っていくと、主体性は確実に上がっていきます。なぜなら、**いつも「振り返り」や「まとめの感想文」の中で子どもたちは思考し、自分の変容を実感する**から。

子どもたちに変容を実感させるためには、「出会いの感想文」と常に比べさせます。そうすることで、「自分は以前、全然違う考え方をしていたのだ」ということにも気付きます。この気付きが、自分が変わってきたことを実感させるのです。このとき、子どもたちは授業を楽しいと感じ、授業に参加している喜びを覚えます。

この過程を経て、学びは次の単元に移り、どんどん深まっていくのです。

CHAPTER 6/02

物語文の「出会いの感想文」の書き方

「出会いの感想文」で教材との対話・自己との対話

物語文における「出会いの感想文」の書き方を、四年生の『プラタナスの木』(光村図書)を例にして紹介します。次ページの図は、子どもたちに渡した書き方のフォーマットです。

フォーマット内の項目を順に見ていきましょう。

①『　　』は、作者である(　　)氏によって書かれた(　　)物語である。

まず、この空欄部分を自分たちで入れるようにしていきます。授業する前ですから、(　)のところはとりあえず範読を聞いてズバッと入れさせるようにします。

例えばこの部分は、「『プラタナスの木』は、作者である椎名誠氏によって書かれた

物語文の「**出会いの感想文**」を書いてみよう

①『　　　』は、作者である（　　　）氏によって書かれた（　　　）物語である。
②この物語を読んで
・思ったことは…
・気に入った部分は…
③今までの「カギ」を使って自分でかってにぶんせきする。
④その他自分で見つけたこと・入れたいこと
⑤今後学習していく上で深く読み込んでいきたい（色々考えていきたい）。

物語文の「出会いの感想文」フォーマット

（不思議な）物語である。」となります。

「（　）物語」に、長々と書く子どももいますが、この時点では何が正解かということが大切なのではなくて、「授業ではこの部分を確定していこう。授業していくうちに変わってくるかもしれないよね」と話しておきます。**つまり、単元の最初に「不十分な自分」「まだ不完全な自分」「成長前の自分」を実感させ、単元の最後の「まとめの感想文」によって自分の成長を実感する**、という流れとなるのです。その結果、「また次の授業が楽しみ！」となる。

「不完全な自分」を目に見えるかたちで留めておくためにも、「出会いの感想文」は効果があるわけです。

②この物語を読んで思ったことは…　気に入った部分は…

物語を読んで思ったことや気に入ったことは「出会い」に書き込みます。

この部分は、「思ったこと」や「気に入ったこと」なので、誰でも書けるのです。まずは子どもたちが「書き出せる」、ということを意識した観点になっています。ハイタレントな子はここで独自の読み取りを書き込みますし、国語が苦手な子も「～がわからない」とか、「～の場面が好き」と書けるので、どの子も書けるという状況になるのです。

③今までの「カギ」を使って自分でかってにぶんせきする。

「カギ」とは、これまでの国語の授業で学習した内容です。表現技法や読み取りの観点など様々。例えば、「この部分が伏線になっています」とか、「情景描写がたくさん使われています」と見つけては、まずは「出会い」に書いていきます。

この観点は言わずもがな、学習したことを活用する場所と機会を与えているわけです。あえて、「かってに」という文言を入れているのは、「自力で教材にアプローチして読み取っていくんだぞ」というメッセージを暗に入れているわけです。

④その他自分で見つけたこと・入れたいこと

この観点は、言うなれば何でもありの〝解放区〟。羽ばたける場所を用意しているのです。様々なことを貪欲に見つけ、書きたい子はここで書きます。自分だけの発見を書く場所です。ここはもちろん書かない子が出てきてもいい、という想定で、子どもたちにもそのことを話しておきます。

⑤今後学習していく上で深く読み込んでいきたい（色々考えていきたい）。

これはいわゆる、「これで私の分析を終わります」という意味で入れさせている文言で、別に他の表現でも構いません。きちんと「終わり」を宣言させてわかりやすく終わらせる。そういうことです。

CHAPTER 6/03

子どもの「出会いの感想文」（物語文）

それでは、実際の「出会いの感想文」、四年生『プラタナスの木』をご紹介します。

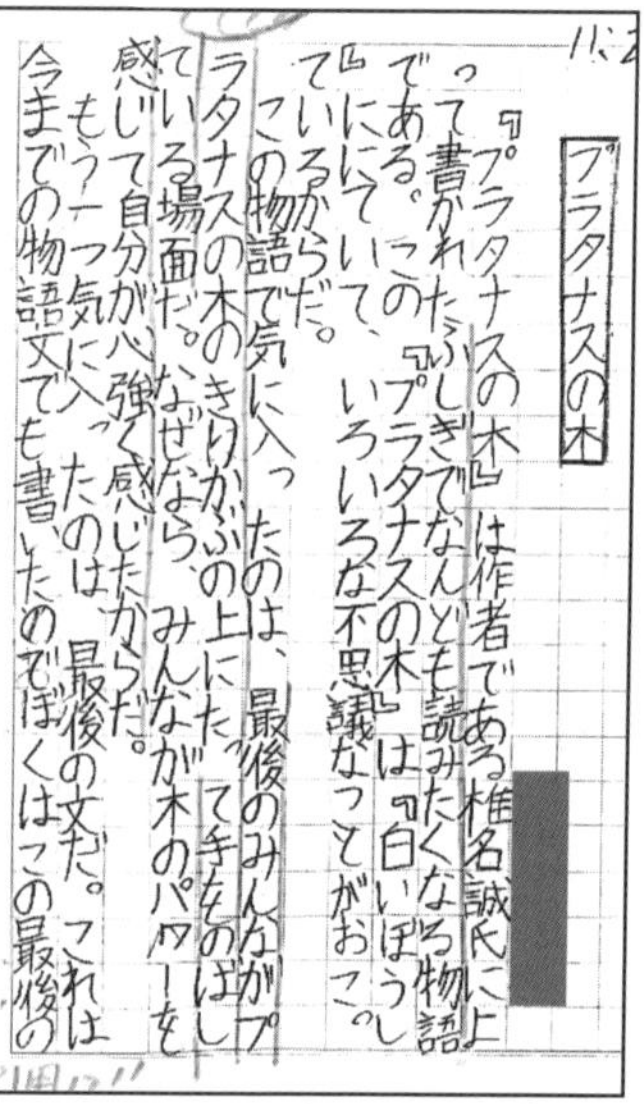
プラタナスの木 [redacted]

『プラタナスの木』は作者である椎名誠氏によって書かれたふしぎでなんとも読みたくなる物語である。この『プラタナスの木』は『白いぼうし』』ににていて、いろいろな不思議なことがおこっているからだ。
この物語で気に入ったのは、最後のみんながプラタナスの木のきりかぶの上にたって手をのばしている場面だ。なぜなら、みんなが木のパワーを感じて自分が心強く感じたからだ。
もう一つ気に入ったのは、最後の文だ。これは今までの物語文でも書いたのでぼくはこの最後の

①（　　）物語

※番号は前項「フォーマット」の観点と連動

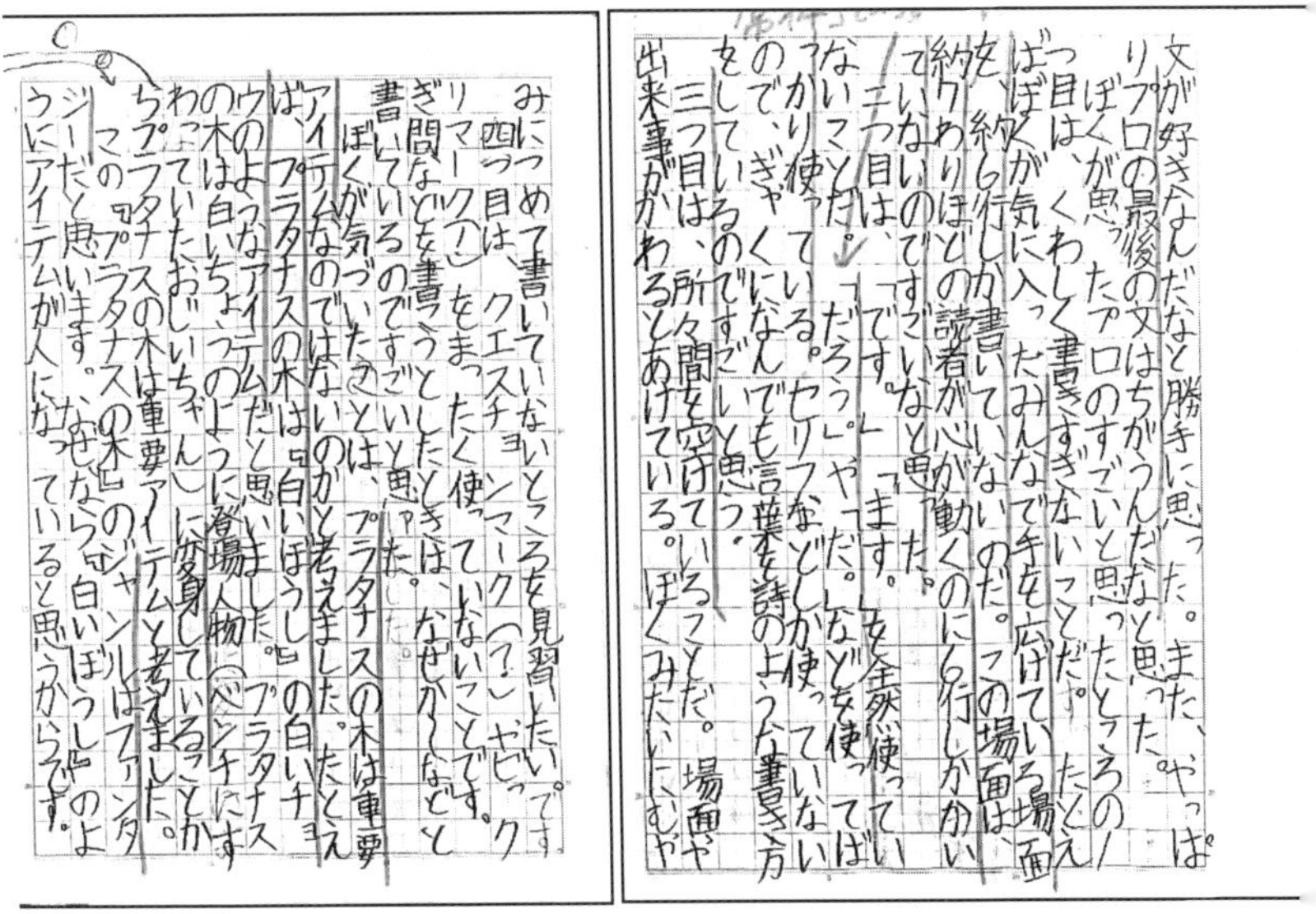

文が好きなんだなと勝手に思った。また、やっぱりプロの最後の文はちがうんだなと思った。

ぼくが思ったプロのすごいと思ったところの1つ目は、くわしく書きすぎないってことだ。たとえば、ぼくが気に入ったみんなで手を広げている場面を約6行しか書いていないのだ。この場面は、約9わりほどの読者が心が動くのに6行しか書かていないのですごいなと思った。

二つ目は、「です。」「ます。」を全然使っていないことだ。「だろう。」「やった。」などを使ってばっかり使っている。セリフなどしか使っていないので、ぎゃくになんでも言葉を詩のような書き方をしているのですごいと思う。

三つ目は、所々間を空けていることだ。場面や出来事がかわるとあけている。ぼくみたいにむやみにつめて書いていないところを見習いたいです。

四つ目は、クエスチョンマーク(?)やビックリマーク(!)をまったく使っていないことです。ぎ問などを書こうとしたときは、なぜか〜などと書いているのですごいと思いました。

ぼくが気づいたことは、プラタナスの木は重要アイテムなのではないのかと考えました。たとえば、プラタナスの木は『白いぼうし』の白いチョウのようなアイテムだと思いました。プラタナスの木は白いちょうのように登場人物(ベンチにすわっていたおじいちゃん)に変身していることからプラタナスの木は重要アイテムと考えました。

この『プラタナスの木』のジャンルはファンタジーだと思います。なぜなら『白いぼうし』のようにアイテムが人になっていると思うからです。

②思ったこと・気に入った部分
④自分で見つけたこと

③「カギ」でぶんせき
■重要アイテム
■ジャンル
■登場人物

また、ぼくは、プラタナスの木は登場人物の気持ちと同化していると思いました。なぜなら、みんなが元気よく遊んでいた時は、プラタナスの木は葉をしげらせ、根をはっていたけど、台風が来てプラタナスの木がたおれて切られて切りかぶになったら、アラマちゃんがせっかく口ぐせの「あらまぁ」を言える場面だったのにその口ぐせがいえないほどかなしんでいたからそう考えました。

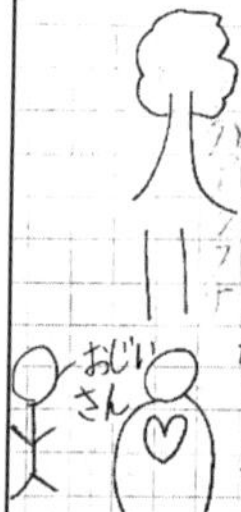

この物語の主題は心がおれたりしてもまたなおるような、われてもまたなおるだと思います。なぜならそれはプラタナスの木が表していると思います。木が切れてもまた生えてくるということが表していると思います。

ぼくは、この物語のファンタジーの入口と出口を考えてみました。ぼくはファンタジーの入口がP51のl11のおじいさんが現れたところだと思います。ファンタジーの出口はP59のl2だと思います。どういう基準で決めたのかというとプラタナスの木とおじいさんが出てきているところもファンタジーだと思います。ぼくは白いぼうしのときみたいなかんじで書きました。

また、ぼくは、ファンタジーの入口と出口があるなら中間を探そうと思いました。ぼくはP53 l3あた

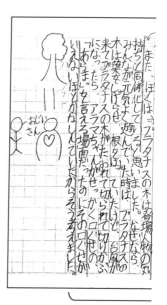

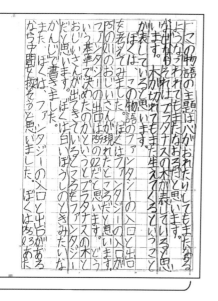

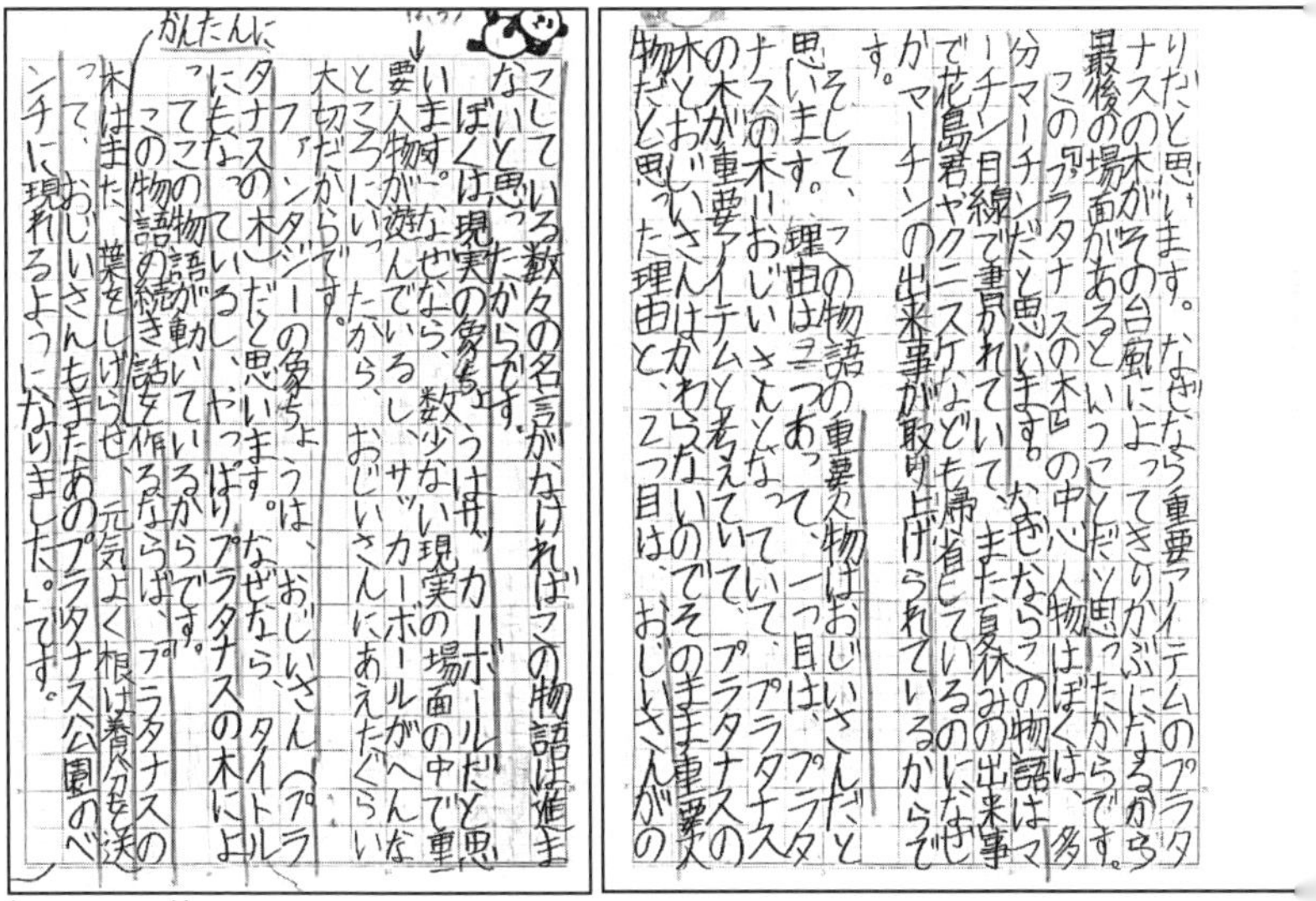
りだと思います。なぜなら重要アイテムのプラタナスの木がその台風によってきりかぶになるから最後の場面があるということだと思ったからです。

この『プラタナスの木』の中心人物はぼくは、多分マーチンだと思います。なぜならこの物語はマーチン目線で書かれていて、また夏休みの出来事で花島君やクニスケなども帰省しているのになぜかマーチンの出来事が取り上げられているからです。

そして、この物語の重要人物はおじいさんだと思います。理由は二つあって、一つ目は、プラタナスの木とおじいさんがなっていて、プラタナスの木が重要アイテムと考えていて、プラタナスの木とおじいさんはかわらないのでそのまま重要人物だと思った理由と、二つ目は、おじいさんがのこしている数々の名言がなければこの物語は進まないと思ったからです。

ぼくは現実の象ちょうはサッカーボールだと思います。なぜなら、数少ない現実の場面の中で重要人物が遊んでいるし、サッカーボールがへんなところにいったから、おじいさんにあえたぐらい大切だからです。

ファンタジーの象ちょうは、おじいさん（プラタナスの木）だと思います。なぜなら、タイトルにもなっているし、やっぱりプラタナスの木によってこの物語が動いているからです。

かんたんに
この物語の続き話を作るならば、「プラタナスの木はまた、葉をしげらせ、元気よく根は養分を送って、おじいさんもまたあのプラタナス公園のベンチに現れるようになりました。」です。

③「カギ」でぶんせき
■主題
■ファンタジーの入り口・出口
■中心人物・重要人物
■象徴

⑤の代わりの「続き話」

あくまでもこれは「出会いの感想文」です。合っているとか、合っていないとかを検証するものではなく、子ども自身がきちんと教材と対話し、明確な観点を持って教材にアプローチしている、ということが大切なのです。

この子は、これまで四年生で学習した様々な「カギ」（学習した読み取りの観点）について触れています。これは、学びを活用し、主体的に教材にアプローチしていることに他なりません。そして最後の部分は、「今後学習していく上で……」とならずに、「続き話」を自分で考えてみています（！）。なかなか面白い締めくくりですね。

このように、**最初に示した「フォーマット」は、最終的には子どもたちに超えられるためにある**というか、ここから離陸して飛躍してもらいたいと思って作っています。ですから子どもたちには、「別に書き方を変えてもいいよ。自分で書きたい順番に書いてもいいし、書き出しや書き終わりが変わってもいいからね」と声をかけておきます。

CHAPTER 6/04

物語文の「まとめの感想文」の書き方

「まとめの感想文」で教材との対話・自己との対話

続いて、物語文の「まとめの感想文」です。子どもたちには、「限界に挑戦せよ！」と鼓舞しています。いつもそのときの自分の精一杯で書いてほしい、そう思っています。「出会いの感想文」と同じく、『プラタナスの木』を例にして紹介します。やはりフォーマットの項目ごとに見ていきましょう。

①『　　　』は、作者である（　　　）氏によって書かれた、（　　　）物語文である。

これはまとめの感想文です。勉強した後なので、大方は「出会いの感想文」からの変化が見られる結果となります。そこで、「出会いの感想文では〜〜だったけれど、授業を受けて〜〜」というように、**ビフォー・アフターを示せたら、自分の成長が**

限界にちょうせんせよ！

『プラタナスの木』の「まとめの感想文」を書いてみよう

①『　　　　』は作者である（　　　　）氏によって書かれた、（　　　　）物語文である。
「出会いの感想文」では〜だったけれど、授業を受けて〜

②私が受け取った主題は（　　　　）である。

③（今回勉強したことを入れる）

④自分の考え、わかったこと、考えが変わったこと・・・・などを自由に書く。

⑤そのほか入れたいこと

※段落を付けて書こう。
※接続詞（はじめに、次に）を入れて書こう。
※クラスの仲間の意見や考えなど、名前を入れながら書けたら素晴らしいね。
※教科書、これまでのノート、ふりかえりなどを見ながら書くこと。
※名前を書く。
※提出：月曜日

物語文の「まとめの感想文」フォーマット

わかる、**実感できる素晴らしいまとめの感想文**だということも伝えます。もちろん、最初にまとめたことがそのまま最後まで変わらなかった、ということもあるわけで、それは最初から大局観をもって教材に向き合えていた、ということになりますね。

②私が受け取った主題は（　　）である。

このとき、四年生の子どもたちは一学期の物語文『白いぼうし』の学習から「主題」を読み取る学習を続けてきています。一つ前の教材『一つの花』では主題はメインとして扱いました。そこで、今回は最初から「主題」を扱えるカラダになっているわけです。当然授業でも「主題」を扱います。

そこで観点の最初のほうに設定して、書くように促すわけです。

③（今回勉強したことを入れる）

この観点、実は一つ前で学習した『一つの花』の「まとめのフォーマット」では、以下のようになっていました。

・今回学習したことを入れる「コスモスの3ステージ」「3の場面の象徴」「イメージ」「重要アイテム　コスモスのやくわり」……ほか。

勉強したことを入れさせる観点です。『一つの花』での「まとめ」では、今回よりも細かく文言を示しているわけです。『一つの花』で中心的に学習した「コスモスの3ステージ」「3の場面の象徴」「イメージ」「重要アイテム　コスモスのやくわり」などは必ず入れるのだよ、ということで、具体的に提示しています。

そして、今回。

単元が一つ進み、観点も抽象度を上げました。

今回の『プラタナスの木』で学習したことを自分で振り返って書きなさい、ということです。

このとき、教師サイドからすれば、この③の観点に**子どもが何を取り上げているかで、「授業への参加度」や「学習内容の定着度」などを図ることができる**わけです。

「まとめの感想文」では、子どもに確実に受け取らせたい事項を書かせることが大切で、高学年では板書しながら確認し、低学年から中学年へはフォーマットの中に具体的な文言として入れたり、時期によっては具体的文言は外し、各々考えさせたりして取り組ませています。

①〜③の観点を見てきましたが、今回はこれら三つの観点は絶対に入れなさい、としています。本書の紙面ではわかりませんが、フォーマットでは①〜③の番号のところの色を赤色に変えてそれを示す、というように提示にしています。

④自分の考え、わかったこと、考えが変わったこと……などを自由に書く。

次に、「自分の考え・分かったこと・最初と考えが変わったこと」など、自由に書

ける なら書こう、という観点です。今回の場合はこの観点は、最初にフォーマットを作る段階から無理に書けなくてもいい、という設定で作っていますので、大きな範囲を示す文言となっています。

⑤そのほか入れたいこと

この観点は、そのほか何でも書きたい人は書きなさい、という意味の観点です。自由度を感じる観点設定も大切です。高学年になると、「フォーマット」を与えずに、「まとめの感想文を書きなさい」で活動が始まることもあります。そのためですね。

ここに過去の作品との比較などを書く子が表れますし、そういう子が出てきたら意図的に紹介します。

⑥※の部分

段落を付けない子どもが多かったら「段落を付けよう」や「接続詞を入れて書こう」、また、「クラスの仲間の意見や考えなど、名前を入れながら書けたら素晴らしいね」と、私がどんなポイントを評価するのかを最後に入れて、取り組ませています。

併せて、教科書やこれまでのノート、振り返りなどを見ながら書くこと、国語ノートに書くことも伝えます。

今回引用したフォーマットで面白いのは、「名前を書く」と大きな赤字で書いている（笑）ところです。リアルでしょ。それは、名前を書かずに提出してしまう子がそのとき目立ったから。私からの切実なメッセージなわけです（笑）。クラスの実態に応じて文言を入れてください。

「フォーマット」の意義と評価

このように、勉強が苦手な子も何を書けばいいのかがわかるように「フォーマットプリント」を配り、ノートに貼らせています。家で書くときも、これを見て書くことができます。

無理に書けない人はそれでよし、必ず入れるべきことはこれ、と観点の差別化をしてあげるのも子どもたち全体への配慮です。

評価は、必ず入れるべきことが書けていれば「A」というように、ルールを明確化して行っています。今回であれば、①～③は必ず入れなければならないのでこれらが入っていれば「A」と子どもたちに伝えます。その上で、追加する観点があれば、上乗せして「S」や「K」などと評価を上げていきます（評価の「A」や「S」などはクラスで考えて、子どもたちと共通理解してください）。大切なのは、評価の文言ではなく、

「評価」が、**子どもたちの次の意欲につながる**こと。
「評価」が、**子どもたちの学習活動の質の向上につながる**こと。
「評価」が、**教師が続く**こと。

最後に、出会いやまとめの感想文の「フォーマット」は、あくまでも自分のクラスの子どもたちに、そのとき、その教材文の学び（単元）で行ったことを元に作っているものである、ということを付け加えておきます。ですから、これを読まれている先生方が実践されるときも、ご自身の授業で行われてきたこと、そしてその中でのクラスの子どもたちの反応に合わせて作っていかれることが大切です。

CHAPTER 6/05

子どもの「まとめの感想文」(物語文)

私のクラスの子どもたちの「まとめの感想文」をご紹介します。

この作品では、対話意識、クラスで一緒に学んでいる仲間への意識に注目してみます。

『プラタナスの木』は作者である椎名誠氏によって書かれた希望を持ち続ける物語である。出会いの感想文では、まったく分からなかった。だけれど、授業を受けて、みんなの意見を参考にしたり、反対したりして、やっと分かった。みんなのおかげだ。

つまり、みんなでやっていくというのは対話的だということですね。これはずっと振り返りを書き続けて、二学期の最後のまとめの感想文です。それにはやはり友だちの影響が如実に出てきます。

次は、同じ子どもの終わりの部分です。

クラスの成長は、ハンパない。みんなが積極的に発表するようになったりアインシュタインのように、一気にじゅぎょうを進められるようになったりしている。

何でこれ、アインシュタインなのでしょうか。アインシュタインは国語の授業していませんけどね（笑）。

最後は、次のように力強く書いています。

森川先生のうれしい悲鳴がいつも聞こえたりするようなクラスになっている。三学期の座談会では、一時間では、終わらなくなったりすると思う。だからもう6年生をこえるようなじゅぎょうがしたいので積極的に手を挙げたり今までの自分をしっかりとふりかえりながら座談会もじゅぎょうもがんばりたい。

ここではあえて「仲間意識」についてピックアップしましたが、授業で行った国語

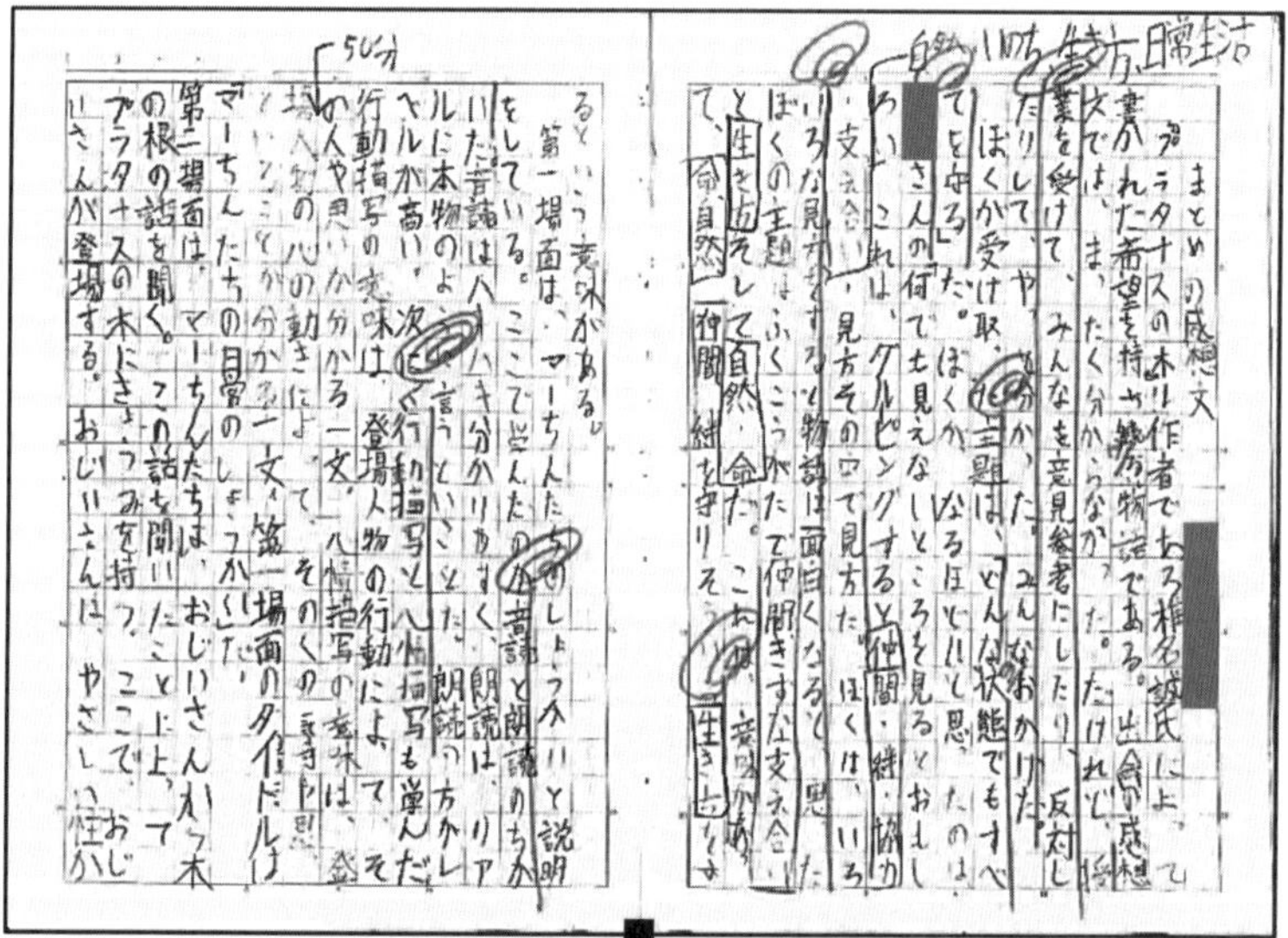

自然・いのち・生き方・日常生活

まとめの感想文
プラタナスの木は、作者である椎名誠氏によって[redacted]
書かれた希望を持てる物語である。出合の感想
文では、まったく分からなかった。だけれど、
意見を受けて、みんなを意見参考にしたり、反対し
たりして、やっと分かった。みんなのおかげだ。
ぼくが受け取った主題は、「どんな状態でもすべ
てを守る」だ。ぼくがなるほどと思ったのは、
[redacted]さんの「何でも見えないところを見るとおもし
ろい」これは、グルーピングすると仲間・絆・協力
・支え合い・見方その目で見方た。ぼくは、いろ
いろな見方をすると物語は面白くなると思った。
ぼくの主題はふくこうかたで仲間きずな支え合い
と生き方そして自然・命だ。これは、意味があっ
て、命自然一仲間・絆を守りそう生き方をす

るという意味がある」
第一場面は、マーちゃんたちのしょうかいと説明
をしている。ここで学んだのは音読と朗読のちが
いだ。音読は、ハキハキ分かりやすく、朗読は、リア
ルに本物のように言うということだ。朗読の方がレ
ベルが高い。次に行動描写と心情描写も学んだ。
行動描写の意味は、登場人物の行動によって、そ
の人や思いが分かる一文。心情描写の意味は、登
場人物の心の動きによって、そのくの
ということが分かる一文。第一場面のタイトルは
マーちゃんたちの日常のしょうかいだ。
第二場面は、マーちゃんたちは、おじいさんから木
の根の話を聞く。この話を聞いたことによって
プラタナスの木にきょうみを持つ。ここで、おじ
いさんが登場する。おじいさんは、やさしい性格

50分

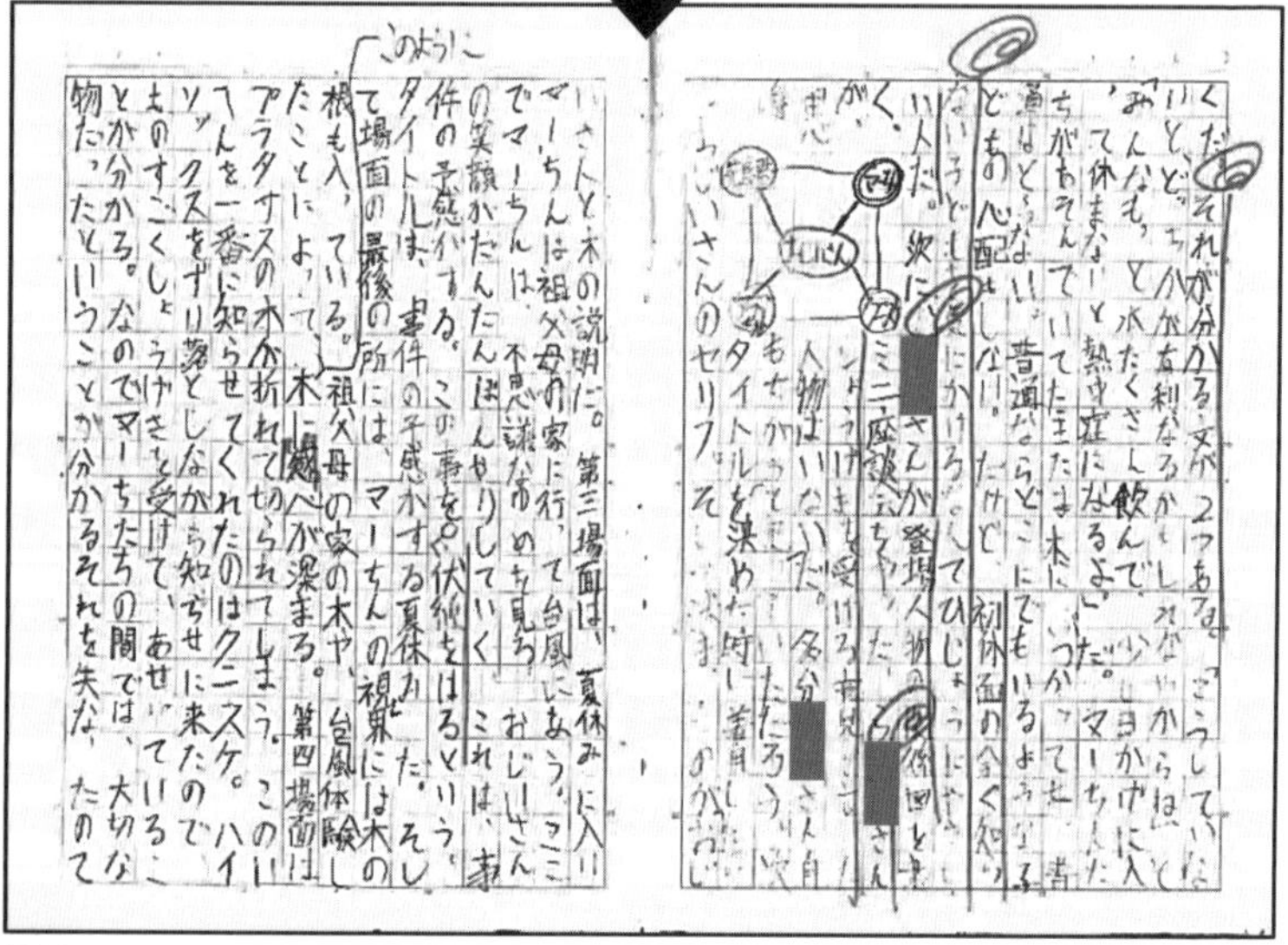

くだ。それが分かる文が2つある。こうしていな
いと、どちらが有利なるかもしれないからね。日かげに入
って休まないと、水たくさん飲んで熱中症になるよ。
ふつうだ。マーちゃんた
ちが遊んでいてたまたま木にいつかってき
たら普通ならどこにでもいるような
どもの心配はしない。けれど初体面の全く知ら
ない子どもに声をかけるなんてひじょうにやさし
い人だ。次に[redacted]さんが登場人物の[redacted]さん
ミニ座談会をした。
人物はいないんだ。多分[redacted]さん
もタイトルを決めた時
じいさんのセリフ

いさんと木の説明だ。第三場面は、夏休みに入り
マーちゃんは祖父母の家に行って台風にあう。ここ
でマーちゃんは、不思議なおじいさん
の笑顔がだんだんぼんやりしていく。これは、事
件の予感がする。この事を伏線をはるという。
タイトルは、事件の予感がする夏休みだ。そし
て場面の最後の所には、マーちゃんの視界には木の
根も入っている。第四場面は、台風体験し
たことによって祖父母の家の木や、木に関心が深まる。
プラタナスの木が折れて切られてしまう。この
へんを一番に知らせてくれたのはクニスケ。ハイ
ソックスをずり落としながら知らせに来たので
ものすごくしょうげきを受けて、あせっているこ
とか分かる。なのでマーちゃんたちの間では、大切な
物だったということが分かるそれを失なったので

このように

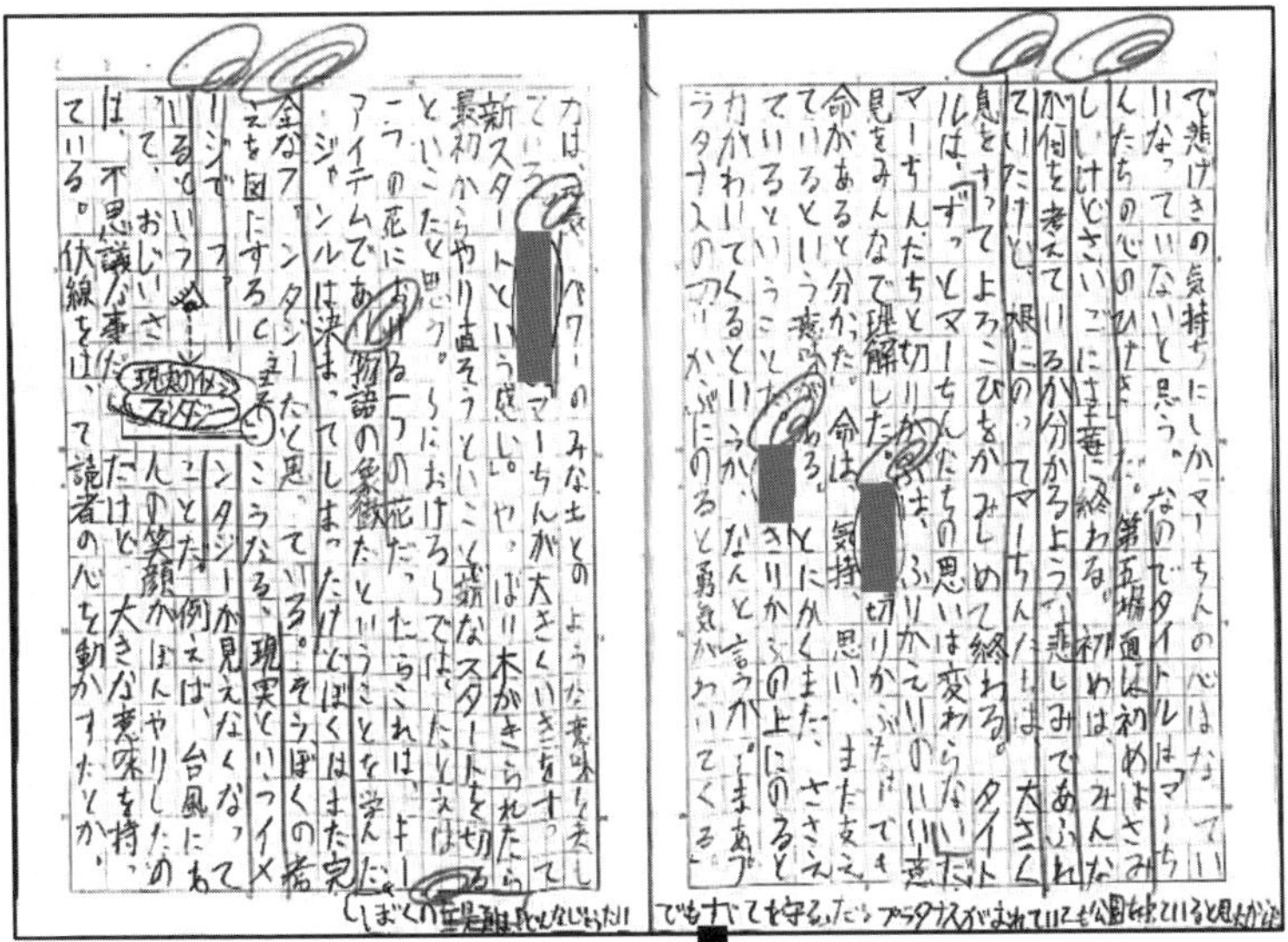

で悲げきの気持ちにしかマーちゃんの心はなってい
いなっていないと思う。なのでタイトルはマーちゃ
んたちの心のひげきだ。第五場面は初めはさみ
しいけどさいごには幸福に終わる。初めは、みんな
が何を考えているか分かるように悲しみであふれ
ていたけど、根にのってマーちゃんたちは大きく
息をすってよろこびをかみしめて終わる。タイト
ルは、ずっとマーちゃんたちの思いは変わらない心だ
マーちゃんたちと切りか[redacted]は、ふりかえりのいい意
見をみんなで理解した。[redacted]切りかぶだけでも
命があると分かった。命は、気持、思い、また支え
ているという意味がある。とにかくまた、ささえ
ているということ[redacted]きりかぶの上にのると
かかわってくるというか、なんと言うか、まあプ
ラタナスの切りかぶにのると勇気がわいてくる。

かは、[redacted]パワーのみな土とのような意味を表し
ている。マーちゃんが大きくいきをすって
新スタートという感じ。やっぱり木がきられたら
最初からやり直そうということ新なスタートを切る
ということだと思う。らにおけるらでは、たとえは
二つの花における一つの花だったらこれは、キー
アイテムである物語の象徴だということを学んだ。
ジャンルは決まってしまったけどぼくはまた完
全なファンタジーだと思っている。そうぼくの考
えを図にするとこうなる。現実というイメ
ージでファンタジーが見えなくなって
いるということだ。例えば、台風にあて
て、おじいさんの笑顔がぼんやりしたの
は、不思議な事だけど大きな意味を持っ
ている。伏線をはって読者の心を動かすたとか、

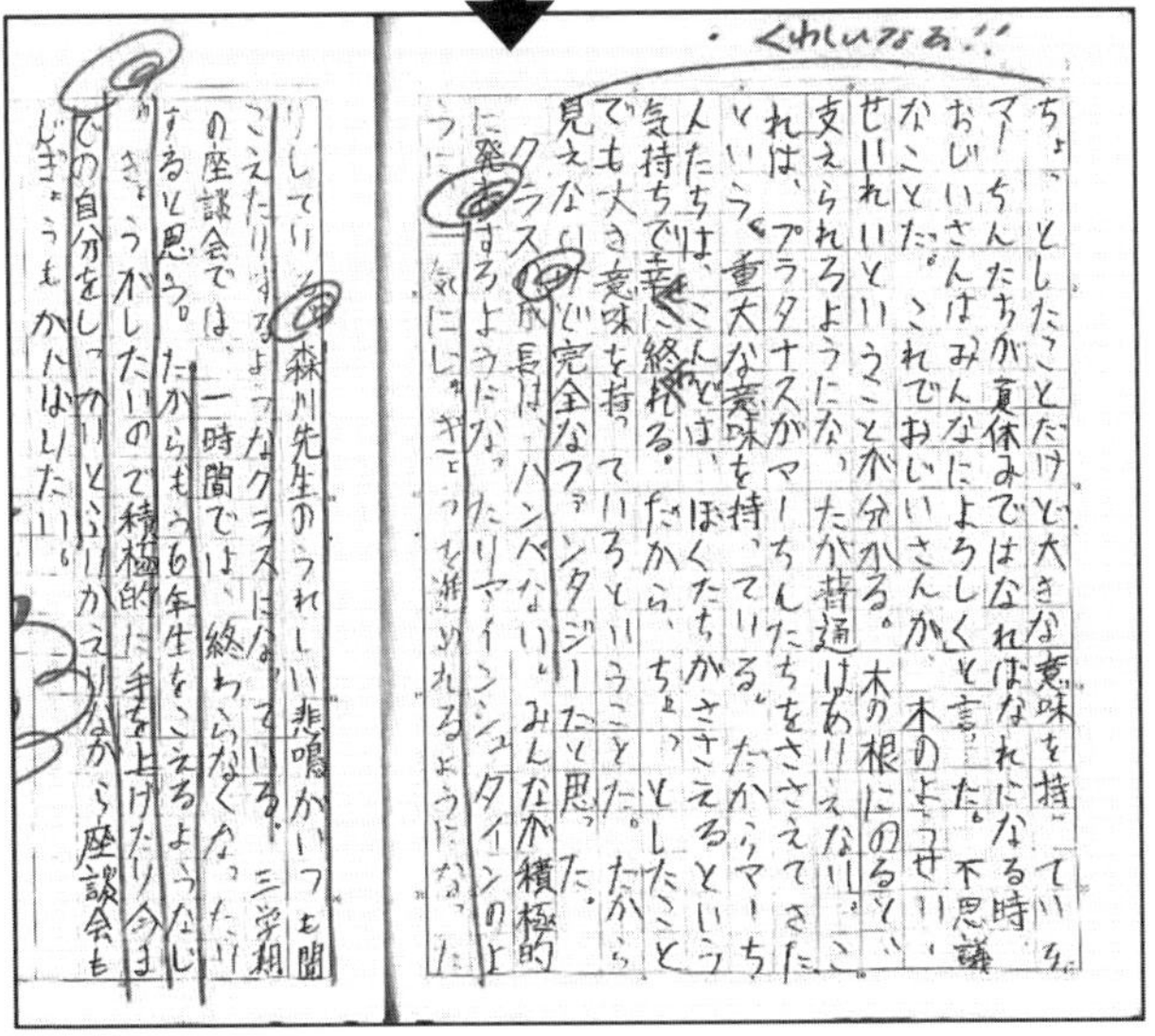

ちょっとしたことだけど大きな意味を持っている。
マーちゃんたちが夏休みではなればなれになる時
おじいさんはみんなによろしくと言った。不思議
なことだ。これでおじいさんが木のようにせい
せいれいということが分かる。木の根にのると、
支えられるようになったが普通はありえない。こ
れは、プラタナスがマーちゃんたちをささえてきた
という重大な意味を持っている。だからマーち
ゃんたちは、こんどは、ぼくたちがささえるという
気持ちで幸に終わる。だから、ちょっとしたこと
でも大きな意味を持っているということだ。だから
見えないけど完全なファンタジーだと思った。
クラスの成長はハンパない。みんなが積極的
に発言するようになったりアインシュタインのよ
うに気にしぎもんを進められるようになった

りしている。森川先生のうれしい悲鳴が一つも聞
こえたりするようなクラスになっている。三学期
の座談会では、一時間では終わらなくなったり
すると思う。だからも6年生をこえるようなじ
ゅぎょうがしたいので積極的に手を上げたり今ま
での自分をしっかりとふりかえりながら座談会も
じゅぎょうもがんばりたい。

的な部分もぜひ目を凝らして読んでいただければと思います。授業で学習した「ジャンル」や「象徴」や「伏線」や「描写」といった具体的な学習用語が出てきています。

そういった授業内容について、別の子どもの「まとめの感想文」も見てみます。まずは、実際のオリジナルのノートから。

「出会いの感想文」では不思議な物語と書いたけれど授業を受けて、まよいがなくなりました。出会いでは、まよって「不思議」とかきました。この物語が不思議だったからです。授業を受けて、色々なことを学んで、どんどんあきらかになってきたのです。

ぼくが作者の椎名誠氏から受け取った主題は、「一つ一つがあるよろこびをかみしめながら前進しろ」です。出会いでは、「ねばりづよく生きていけ」だったけど、(それとはとても)考えをちがうものにしました。

自分の考え、思いがどう変わったかをなぞるように書いています。一学期から行ってきた「主題をとる」という学習も、自然と「最初にまずはファーストインプレッションとして主題をとり」→「授業を進めていく中で変わったり、固定されていく」といったイメージが伝わるかと思います。

「ジャンル・終わり方」です。特に、ジャンルは決めがいがありました。そして、ジャンルと終わり方のときにかつやくしたのがAくんです。

自然と友だちの名前が出てくるので、授業中に一生懸命集中して、友だちの名前をメモしていることが伝わってきます。この子は、授業中にも、「今誰が言ったの？」と勝手につぶやいていました。「今、何言ったのか教えて」などのつぶやきも、「振返り」や「まとめの感想文」を書くためです。

授業の中で各場面のタイトルをつけていく学習をしたので、一場面、二場面と書いています。

やはり次の部分でも、影響を受けた友だちのことが出てきます。

考えたことを実行に移す

[redacted]

『プラタナスの木』は作者である椎名誠氏によって書かれた、陽気で折れない物語文である。

「出会いの感想文では、不思議な物語と書いたけれど、授業を受けて、まよいがなくなりました。出会いでは、まよって「不思議」とかきました。この物語が不思議だったからです。授業を受けて、色々なことを学んで、どんどんあきらかになってきたのです。

ぼくが作者の椎名誠氏から受け取った主題は、「一つ一つがあるよろこびをかみしめながら前進しろ」です。出会いでは、「ねばりづよく生けていけ」ば」だったけど、それとはとても考えをちがうものにしました。実は、これは『一つの花』のお父さんがゆみ子にたかいたかいをしたときのセリフを少しとりました。

今回ぼくが勉強したことは、大きくいうと、後話ジャンル・終わり方・場面のタイトル・人物関係・視界です。この中で、一番もり上がったのは、後話の（けんとうをした）授業です。この後話の授業のときにうまれたのが、「ジャンル・終わり方」です。特に、ジャンルは決めがいがありました。そして、ジャンルと終わり方のときにかつやくしたのが、Aくんです。後話がいいか悪いかを決めるには、ジャンルと終わり方が必要だということもAくんがみつけました。次は、場面のタイトルについてかきます。これも、ぼくの中では印象にのこりました。

一場面は、「マーちんたちの日常の紹介」です。
二場面は、「おじいさんと木の説明」です。
三場面は、「事件の予感がする夏休み」です。
四場面は、「夏休み後におとずれた悲げき」です。
五場面は、「やっぱり気持ちは折れなかった」です。

一と二の場面のタイトルは、一つでかくていしたけれど、三と四と五の場面のタイトルはみんなでかくはんに、分かれて、意見を出し合いました。

次は、「人物関係」についてです。結局、おじいさんは、何者だったんだろうか…これが人物関係です。ぼくは、おじいさんはやっぱり自然のせいれいかなにかだと思います。なぜなら、自然の一部（プラタナスの木）がなくなったら、おじいさんがいなくなったからです。自然の一部だったらけがとかでいいんじゃないかというしつもんもあると思います。だけど、そこはせいれいだからけがなどありません。しかも、おじいさんはマーちん（主人公）に自然は強いという教訓も教えているので、やっぱり人間ではないと思います。

次は、「マーちんの視界」です。これは、（図）で表すのが必須でした。この授業ですごいと思った（MVPの）人はOさんです。授業で発表していたとおり、図がすごかったんです。わざわざきのことを図とかいていたのです。ぼくだったら木とかいてしまうだろう（おそらく）Oさんは、木を絵でかくことによって、よりたくさん木が生えているようにさせたのだろう。そのこだわりにぼくはすごいと思った。

最後は、描写だ。「心情描写」、「行動描写」、「情景描写」があった。「心情描写」は、5の15「みんなは何を考えているかは分かる」です。「行動描写」は4の13「ハイソックスをずり落としながら走ってきたクニスケ」で、「情景描写」は4の19「ベンチがぽつんと置かれている」です。これらは、全てプロの

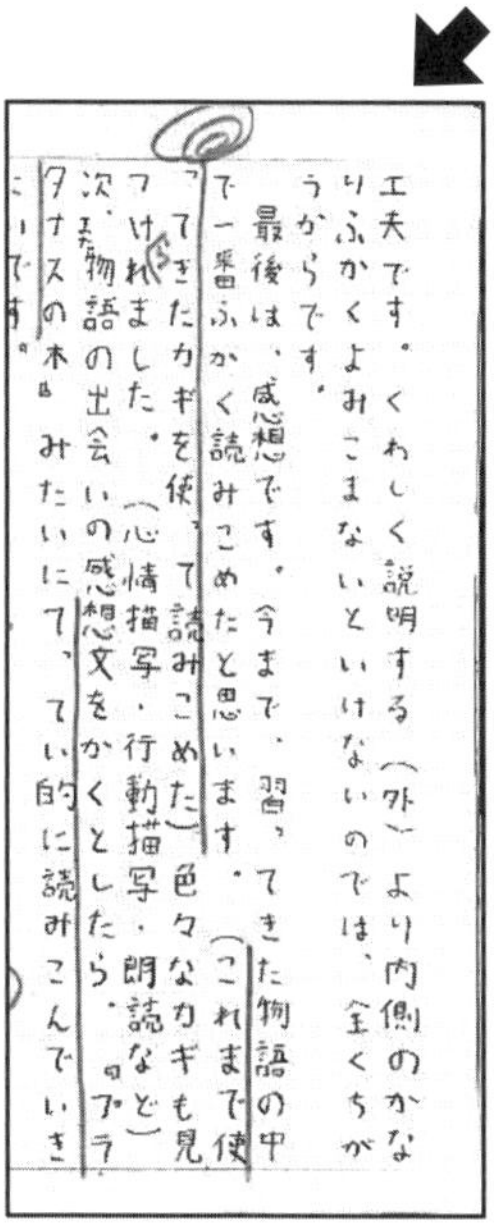
工夫です。くわしく説明する（外）より内側のかなりふかくよみこまないといけないのでは、全くちがうからです。
最後は、感想です。今まで、習ってきた物語の中で一番ふかく読みこめたと思います。（これまで使ってきたカギを使って読みこめた）色々なカギも見つけれました。（心情描写・行動描写・朗読など）
次、また物語の出会いの感想文をかくとしたら、『プラタナスの木』みたいにてってい的に読みこんでいきたいです。

この授業ですごいと思った（MVPの）人はOさんです。授業で発表していたとおり、図がすごかったんです。わざわざ、木のことを木のマークでかいていたのです。ぼくだったら木とかいてしまうだろう。（おそらく、）Oさんは、木を絵でかくことによって、よりたくさん木が生えているようにさせたのだろう。そのこだわりにぼくはすごいと思った。

マーちんたちの見えている視界が変わったという授業をしました。最初はサッカーが好きで、あまりプラタナスの木に興味がなかったけれど、おじいさんと出会ってからは、自然に目が向くようになっていったので、マーちんの視界に入っているものが変わってきたという場面です。

そのときに、その視界を図解して木の絵をブワーッと入れ、ずいぶん頭の中が変わったという説明をした子どもがいました。その子から影響を受けたということを書いているのです。

さらに、この子は、次のように書いてます。

最後は、描写だ。「心情描写」、「行動描写」、「情景描写」があった。

「心情描写」は五場面のここ、「行動描写」は四場面のここ、「情景描写」は四場面のここというように、きっちりと手を抜かずに、どのページにあるかまで書いています。

これは一つ一つ教科書を見ながら書かないと書けません。そのようにしながら、**授業を再構成していく**わけです。その都度、こういった書き方を賞賛し、評価し続けながら、四月のスタートから積み重ねてきましたので、単に「情景描写があります。行動描写がありました」では終わらない書きぶりとなるのです。

CHAPTER 6/06

説明文の「出会いの感想文」の書き方

まずは自分の力で

まず、「出会いの感想文」の書き方のフォーマットを【保存版】として配り、ノートに貼らせます。物語文と同じです。ここでもフォーマットの観点別に見ていきましょう。

①『　　』は、筆者である（　　）氏によって書かれた（　　）についての説明文である。

この①の文言が、「出会いの入り口」です。ここは必ず通る。言い換えれば誰でも書き出せる。最初に誰でもほぼ抵抗なく書き出せる、という「入り口」を設定しているのです。

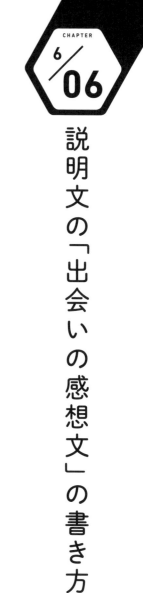

【保存版】
説明文の出会いの感想文の書き方

①『　　　　　　　　』は、筆者である（　　　　　　）氏によって書かれた（　　　　　　　　　　）についての説明文である。

②読んで最初に思ったことは（初めて知ったことは…）、

③疑問に思ったことは（わからないことは…）

④私自身のことをいうと（この説明文のテーマについて知っていたり、経験していたりすることがあれば書く）、

⑤（これまで学習したことを見つけたら、そのことを書く）

⑥これから授業で頑張っていきたい。

説明文の「出会いの感想文」フォーマット

②読んで最初に思ったことは（初めて知ったことは…）、

説明文という性質上、子どもたちは新たな知見を手に入れる可能性が高いわけです。そこで、純粋に「読んで思ったこと」や「初めて知ったこと」を書かせるようにします。

③疑問に思ったことは（わからないことは…）

この観点は、普通に「疑問」を出させる、という目的と、あと二つ目的があります。

一つ目は、対話的な意味合いです。「疑問」はクラスの仲間に投げるように授業を展開します。

「私は～についてわからないんだけれど、皆さんどう思いますか」という具合です。
さらに、「疑問」を個々に書かせておけば、純粋に教師が「子どもたちはここがわかっていないのだなあ」と授業の中で強化すべきポイントをうかがい知ることができるわけです。

「出会いの感想文」を書かせるメリットは、子ども自身が「自分のわかっていること・感じていること」をメタ認知できることに加え、教師も自分のクラスの子どもたちのその教材に対する認識度を把握できるという点です。

④私自身のことをいうと……

小学校の教科書に取り上げられている説明文の内容は、子どもたちがそのテーマをできるだけ身近に感じることができるように、近寄りやすいテーマになっている場合が多いです。よって、この④の観点で書かせれば、子どもたちがより身近にその説明文のことを捉えることができます。その際は扱われているテーマに対して「知っている」とか、「経験したことがある」といった観点で書かせるようにしています。

⑤（これまで学習したことを見つけたら、そのことを書く）

今回のフォーマットの場合は（　）付きになっています。ということは、学年の半ばまでのフォーマットであることを示しています。この観点はある程度、出会いやまとめの感想文を書き慣れていることや、国語の授業で様々な学習事項を蓄積してきた後なら、（　）を付けずに必ず書く、というようにします。

むしろこの観点は、学びをつなげていくためにとても大切です。

一つ前の説明文の学習で「問いと答え」を学習したなら、次の説明文で自分なりに「問い」と「答え」を意識して受け取ろうとする、この行為が大切なのです。それを「出会いの感想文」に書かせます。

この、「出会いの感想文に書く」という場が設定されているからこそ、これまでの学びがそこだけの「点」ではなく、「線」としてつながっていくのです。

「出会い」や「まとめ」は学びを線としてつなげていく役割も担っているわけです。

この場合はまだ学年の初期なので、（　）を付けて示し、「無理しなくてもいいよ」というスタンスで取り組ませています。

⑥これから授業で頑張っていきたい。

最後には、「これから授業で頑張っていきたい」ことを書くようにさせています。きちんと文章を「締める」ということですね。

これらが説明文の「出会いの感想文」指導の観点です。

基本は物語文と同じで、最初は自分の精一杯の力で読み取り、クラスのみんなで一緒に勉強したら賢くなったというパターンで単元をつくっていきます。

CHAPTER 6/07

子どもの「出会いの感想文」（説明文）

三年生の『ありの行列』（光村図書）、三学期の単元の「出会いの感想文」です。

この子は、始めに「問い」「はじめ・中・おわり」「要旨」「文章構成図」といった、これまで三年生の学習で学んだことを自分なりに見つけ出して書いています。

その後、「自分自身の〈あり〉に対する認識」を書き、少し中身の分析をしています。そして、「悔いの無い授業にしたいです」と結んでいます。自分の精一杯の力で教材（テキスト）と対峙しているわけですね。

加えてこの文章の中で印象的なのが、「要旨は、くわしくはまだ分かりませんが」「文章構成図は、どんな感じかは、あまり分からないけど」「どんな言葉がいいか分からない」「まだ分からないことだらけなので」といった、**【現時点ではわからない自分】ということをきちんと表出できている**、というところです。わからないけれど、きちんと予想を立てて書いている。

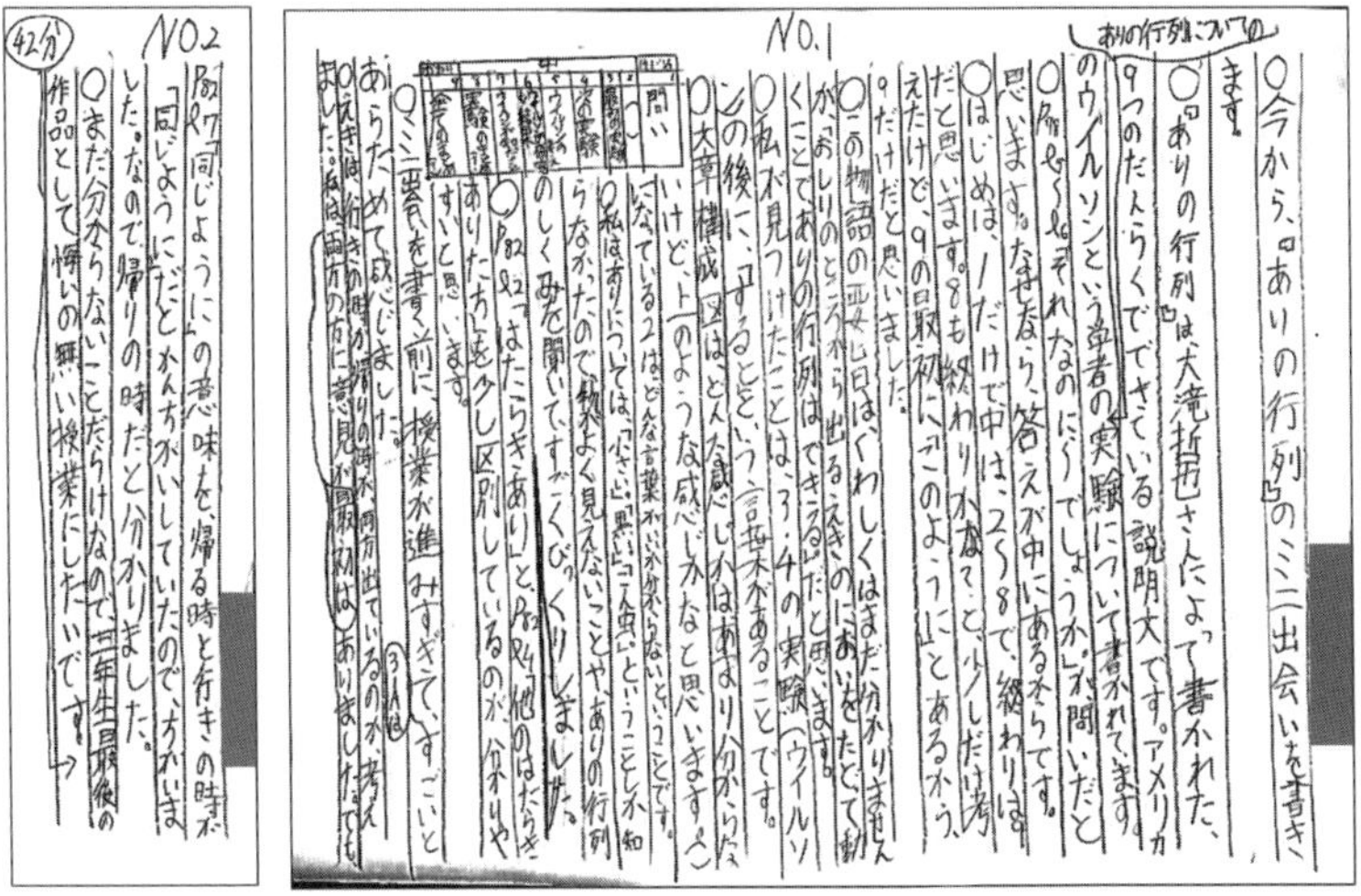
ありの行列について

NO.1

○今から、『ありの行列』のミニ出会いを書きます。
○『ありの行列』は、大滝哲也さんによって書かれた、9つのだんらくでできている説明文です。アメリカのウイルソンという学者の実験について書かれてます。
○1～6「それなのに～でしょうか。」が問いだと思います。なぜなら、答えが中にあるからです。
○はじめは、1だけで中は、2～8で、終わりは、9だと思います。8も終わりかなと少しだけ考えたけど、9の最初に「このように」とあるから、9だけだと思いました。
○この物語の要点は、くわしくはまだ分かりませんが、「おしりのところから出るえきのにおいをたどって動く」ことでありの行列はできるんだと思います。
○私が見つけたことは、3、4の実験（ウイルソンの後に、「すると」という言葉があることです。
○文章構成図は、どんな感じかはあまり分からないけど、[illegible]のような感じかなと思います。[illegible]
○私は、ありについては、[illegible]ということしか知らなかったので、[illegible]ことや、ありの行列のしくみを聞いてすごくびっくりしました。
○8「はたらきあり」と9「他のはたらきありたち」を少し区別しているのが分かりやすいです。
○ミニ出会いを書く前に、授業が進みすぎて、すごいと思いました。あらためて感じました。
○えきは、行きの時か帰りの時か両方出ているのか考えました。最初は両方の方に意見がありました。[illegible]

NO.2

42分

○8 7「同じように」の意味を、帰る時と行きの時だと、「同じように」だとかんちがいしていたので、ちがいました。なので帰りの時だと分かりました。
○まだ分からないことだらけなので、三年生最後の作品として悔いの無い授業にしたいです。→

ここがとても大切で、**「わからないことを認識している」ということは、この先の授業に対して主体的に取り組む確約がされている**、ということ。きちんと自分自身の課題を最初に認識した上で単元を始めていけるということなのです。だから、この後の授業での吸収率が飛躍的に上がる。

「出会いの感想文」で**教材（テキスト）と対話し、これから始まる一連の学びに対する主体的な意識を持ち、実際の授業で仲間の意見を聞きながら学びを深いものにしていく**……。すでにアクティブな学びの要素が詰まっているわけですね。

今回の作品例は「ミニ出会いの感想文」として、1時間（60分）で取り組ませたものです。

CHAPTER 6/08

説明文の「まとめの感想文」の書き方

学びを固定する「まとめの感想文」

四年生の『動いて、考えて、また動く』（光村図書）を例にして紹介します。残念ながら最新の教科書からはこの教材は消えてしまいましたが、ここで取り扱うのは「説明文のまとめの感想文の書き方」であり、その書き方はどの教材でも当てはめることができるので安心してください。

今回は時間を60分として書いてもらいました。45分間を丸ごと子どもたちにあげ、さらにその後15分だけ延長し、この60分で書けなかったら、そこで終わりにして家に持ち帰らないで書きましょう、としています。ご紹介するのはそのときのフォーマットです。

①『　　　　』は筆者である（　　　　）氏によって書かれた、（　　　　）説明文である。

「出会いの感想文」では～だったけれど、授業を受けて～

基本の指示は、やはり物語文と一緒です。「出会いの感想文ではこう書いたけれど、授業を受けて変わったところを書きなさい」と話します。

②要旨（ようし）とは（　　　　）であり、この説明文の要旨は（　　　　）である（「要旨の作り方」なども書けたら素晴らしいね）。

最初に、「要旨（ようし）とは（　　）であり」とわざと「要旨」の意味を書かせることで、用語の確定を図っています。それによって次の説明文学習に活用することができるからです。そして大事な「要旨」。説明文の命なので最初に書かせています。

③（勉強したことを入れる）➡「　　　」「　　　」「　　　」

授業で「勉強したこと」として、三個は入れるように促しています。

このとき、学習内容を思い出せない子どももいるので、何人か発表させるといいでしょう。すかさず、「文章構成」などという学習用語を言ってくれる子どもがいるものです。そうしてある程度学習したことを共有しておいて、書き出させるのが書くこ

『動いて考えてまた動く』終了時のまとめの感想文

説明文の「まとめの感想文」を書いてみよう
（時間：60分）

①『　　　』は筆者である（　　　）氏によって書かれた、（　　　）説明文である。
「出会いの感想文」では～だったけれど、授業を受けて～

②要旨（ようし）とは（　　　）であり、この説明文の要旨は（　　　）である（「要旨の作り方」なども書けたら素晴らしいね）。

③（勉強したことを入れる）
→「　　」「　　」「　　」

④自分の考え、わかったこと、高野さんへの感想、考えが変わったこと……などを自由に書く。

⑤そのほか入れたいこと

※段落を付けて書こう。
※接続詞（はじめに、次に）を入れて書こう。
※クラスの仲間の意見や考えなど、名前を入れながら書けたら素晴らしいね。

説明文の「まとめの感想文」フォーマット

とが苦手な子への配慮です。

④自分の考え、わかったこと、筆者への感想、考えが変わったこと……などを自由に書く。

次の⑤ともかぶりますが、ここは比較的自由度の高い観点です。「筆者への感想」という文言を入れているのは、対筆者という設定で書くほうが、より教材と対話している感が増す場合があるからです。そのほうが書きやすい子がいる。また、「考えが変わったこと」というのは大事な視点です。自分の学びの変遷をきちんと実感させることができ、「何ができるようになったか」という感覚を常に持たせることができます。

⑤そのほか入れたいこと

最後には、「そのほか入れたいこと」として、何でも書ける余白の部分としての場所を用意しています。

⑥※の部分

「段落を付けて書く」「接続詞を入れて書く」「クラスの仲間の意見や考えなど、名前を入れて書く」ことも物語文と同じです。**そのとき、教師が感じている自分のクラスの子どもたちの課題を意識した注意事項を設定**します。

「まとめの感想文」を書くのは、単元の一番最後になるので、それまでに授業の「振り返り」などを書かせていれば、それを使わせます。授業ごとの振り返りをノートに貼らせておき、その振り返りをずっと見ていくと、今まで勉強したことが全部見通せ、まとめの感想文にも役立ちます。

一つの授業で振り返りを書いたことで終わらせるのではなく、まとめを書くときにその振り返りをたどり、授業で学んだことにつなげていくことができれば、まとめの感想文を密度高く書くことができ、学びの質も上がります。

子どもの「まとめの感想文」（説明文）

高野進さんの最高決作のまとめの感想文

「出会いの感想文」では、走り方の工夫について書かれた説明文と書いていたけど、じゅぎょうを受けて高野さんの経験から書かれた「まず動く、そして考える。」ということをテーマにして書かれた説明文である、に変わった。

要旨とは、その説明文を書いた筆者の一番伝えたいことであり、この説明文の要旨は運動でも勉強でも自分にとって最高のものを実現するためには、まず動く、そして考えるってことが大切です。という要旨で一だん落の運動でも勉強でも、「まず動く、そして考える。」ことが大切ですっという文と、八だん落の自分にとって最高のものを実現するためには、「まず動く、そして考える。」ことが大切です。という文を一部なくしたりして作りました。要旨はだいたい話題提示のだん落とまとめのだん落にあるので要旨をつくるときにはそこを見る。

この「動いて考えて、また動く」は二だん落から八だん落までのだん落でこう成されており、一だん落ははじめ二だん落から七だん落までは中八だん落がおわりとなっています。三だん落から五だん落までは高野さんの経験と説明を書いています。それをじゅぎょうで具体的か抽象的かをつけてみました。

ぼくは、最初はどのだん落も具体的だと思っていたけど、答えは三だん落は抽象的四、五だん落は具体的でした。答えが出た後に[redacted]くんがこういうことを発表した。どのだん落も具体的に思えるけど、よく読むと三だん落は抽象的、四、五だん落は具体的になる。ぼくは、なぜ四、五だん落は具体的で、三だん落だけ抽象的なのかを考えてみました。具体的の四、五だん落は図が書いており、そしてその図の説明まで書いているからかなと考えました。そう考えると三だん落はすべて走る工夫について書いている四、五だん落に対し、あまり走るってことを書いていない

からかなと考えました。P44 P45に書いてある図は⊖の図を書いて、後から⊕の図を書くという順番で書かれています。ぼくはなぜその順番で書かれているかを考えてみました。それはまず⊕を書いて、きたいさせて、後から⊖を書くときたい外れで気分が落ちてしまうので、これはだめだと思いました。でもこの方法は⊕を書いて、また⊕を書くといいんじゃないかなと思いました。それに対し⊖を最初に書いてから⊕を書くと、でもくという形になるので少しテンションが上がるからこれは⊖から⊕を書いているんだなと考えて、高野さんはそんなことまで考えて

書いているんだなと感心しました。この文章の題名にもそういう意味もふくめて書きました。他の工夫は分かりやすくするために中のまとめを書いたりなどです。すごいと思ったのは、㊀の図の説明を書いてから、その図のどこが㊀なのかをちゃんと書いてあることです。また説明の後にどういう図か理かいを深めるために例をあげて説明しているところです。他にも読者などにしつ問してみることなどです。この高野さんはじょうしきをくつがえしたのですごいと思いました。
高野さんは陸上選手なのに文章を書くのがとても上手いので作家になればいいなと思いました。

そのだったのか

この文は走ることばかり書いているのでマラソンがとく意のぼくにはうってつけの説明文なので書いてあることを生かして目標の5位までに入りたいです。高野さんはこんなにたくさん考えているのに、毎回ゆう勝できないので陸上選手は速く走れるだけじゃなく考える能力もいるということをはじめて知りました。この説明文は4年生はじめての説明文だったけど、三学期の勉強でもいいくらいハードルが高くたくさんのことを学べた最高の説明文でした。勉強時間は『白いぼうし』にくらべては少なかったけど、国語って何だろうというとても大きな

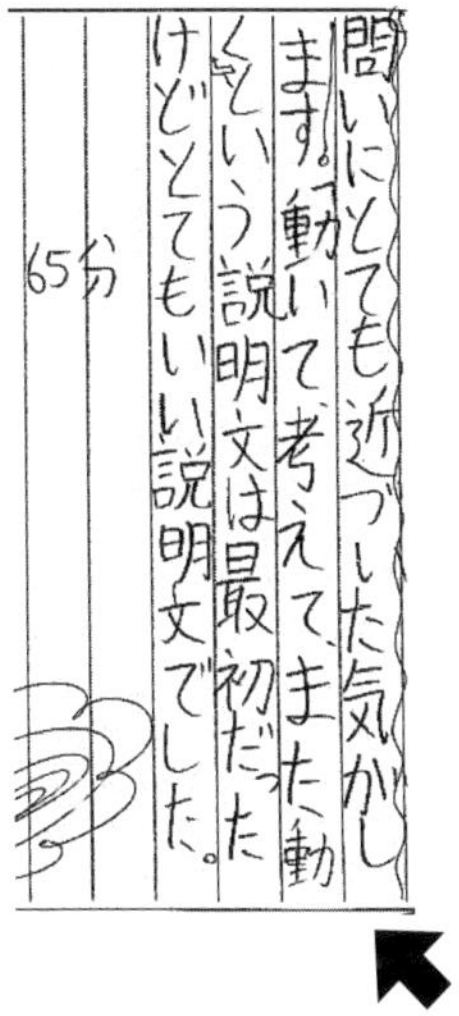
問いにとても近づいた気がします。「動いて考えて、また動く」という説明文は最初だったけどとてもいい説明文でした。
65分

この子の文章の最後に、「65分」とあります。書いた時間を随時書かせることもしています。自分自身の書くことについてのデータを持たせるためです。

次は、この子への私のコメントです。

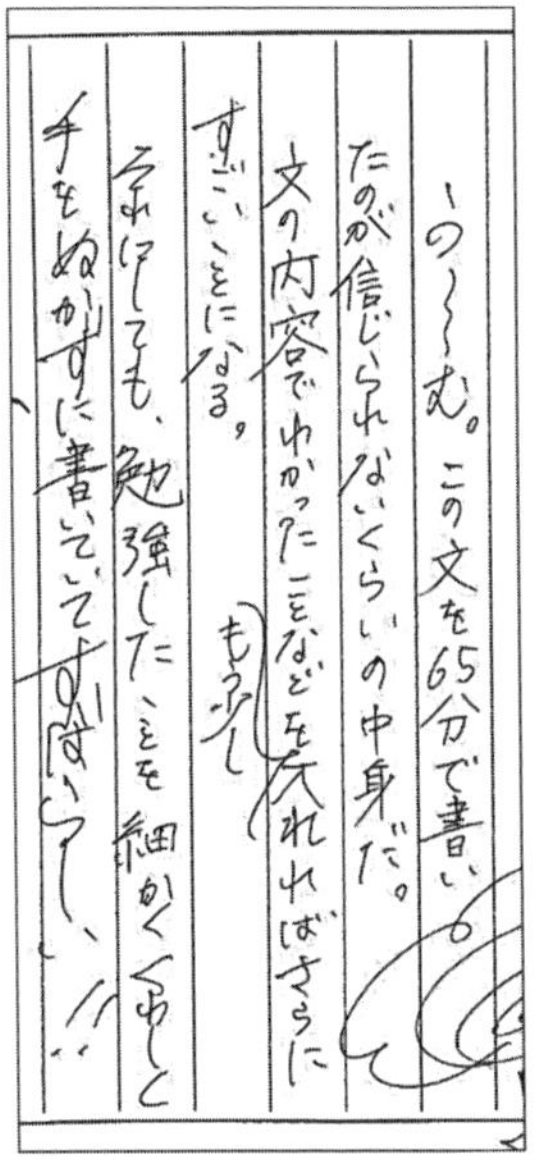
う〜む。この文を65分で書いたのが信じられないくらいの中身だ。文の内容でわかったことなどをもう少し入れればさらにすごいことになる。それにしても、勉強したことを細かくくわしくして手をぬかずに書いていてすばらし、…

この子は授業で行ったこと、学んだことを一つずつ丁寧に振り返って書きました。まずは、「(　)説明文」のところ。ここは、「出会い」と「まとめ」に同じ観点を設定していて、授業を通して全体を把握したところで、最後に「まとめの感想文」で確定、という流れになっています。この子は、〈「出会いの感想文」では走り方の工夫について書かれた説明文と書いていたけど、じゅぎょうを受けて高野さんの経験から書かれた「まず動く、そして考える。」ということをテーマにした説明文である、に変わった〉と書いています。ここが大切です。

物語文も説明文も同じです。授業を受ける前の自分が、授業を受けた後に成長している、変化している、ということを本人が実感することが大切なのです。だから、授業を受けることに意味がある、という流れをつくり出す。

学んでいる意味を実感する、成長した自分を認識する、ということが大切なのです。それがまた次の学びへのモチベーションとなります。

CHAPTER 6/10

学びを深くする「出会い」と「まとめ」

前掲の子どもの「まとめの感想文」を観点別に並べて眺めてみることにします。

【書かれていた観点】

①（　　　）説明文
②要旨とその作り方
③文章構成について
④説明文の「具体」と「抽象」
⑤筆者の文章の組み立て方、書き方の工夫
⑥自分の考え
⑦授業に対する自己評価
⑧総括（まとめの言葉）

大きく分けて実に八つもの観点で「まとめの感想文」を書いています。この子だけではありません。子どもたちは「まとめ」には様々な観点が書かれるものだ、と知っている（経験している）ので、単なる「頑張った、できた、できなかった」の感想にはならないのです。

「出会いの感想文」、「まとめの感想文」を機能させる――。
それは、子どもたちに授業に前向きになることを促します。
それは、子どもたちの教材への主体性を、授業への主体性を育みます。
それは、子ども同士の対話を育みます。
それは、子どもたちに成長を実感させ、より学びへの関心を高めます。
そのことが、より学びを深いものにするのです。

CHAPTER

7

実録「座談会」での教師の役割日常改革

私のクラスでは、四月の段階から、司会などを決めずにクラス全体で意見を交わし合う「座談会」を最終目標に設定するようにしています。クラス全員で頑張って座談会をしようという取り組みです。

ここで紹介するのは、四年生の『プラタナスの木』(光村図書)の単元末の座談会です。全員で1時間を使って座談会を行うのは実際なかなか難しく、最初はうまくいきません。今回はまだ本格的に座談会が動き出した最初の時間です。

座談会の内容は、『プラタナスの木』に、私が続き話を勝手につくり、子どもに投げかけ、それについて討論するというものです。

『プラタナスの木』をものすごくざっくり紹介すると、マーちんという主人公がいます。この子はあまり自然に興味を持っていません。そこへ、ちょっと不思議なおじいさんが出てきて、自然の話をすると、マーちんがどんどん興味を持っていきます。

このおじいさんは若干ミステリアスなところがあり、田舎に帰るマーちんに対し「みんなによろしく」と言うんです。木の話をした後に、「みんなによろしく」と。

その後、台風がきて、公園のシンボルツリーであるプラタナスの木、題名になっている木が倒れてしまいます。結局、切られてしまって、切り株だけになってしまうと、おじいさんもぱったり来なくなってしまいました。このおじいさんは、「何者なのか?」

ということに子どもたちが強く関心を示します。

最後に、切り株の上に主人公のマーちんが立ち、みんなを呼びました。そして、みんなで切り株の上に立つと、つながっている感じがしてきて、みんなで手を上げ、自分たちが木なのだ、というような描写でお話はパッと終わります。もう木がなくなっているにもかかわらず、さわやかに終わります。作者の椎名誠さんの演出が光る話です。

その話に、私はあえて、次のような続きをつくりました。


次の日、おどろくべきことがおこった。

マーちんたちの願いがかなったかのように、プラタナスの木が元通りになっていたのだ。


「この続き話はどう?」と子どもたちに問いかけたときに、どんな反応をするか。

ねらいは、その続き話に反対しながら作品世界に対する読み取りを深めていく――、そんな子どもたちの光景を実現させることです。

それでは、実際の授業起こしで見ていきましょう。

教　　師：はい。では誰か口火を切る人、手を挙げてください。

子どもたち：（「はい。はい」と挙手）

教　　師：口火を切りたい人？　口火を切るというのは、一番最初に言うってことだよ。はい、Aさんからいきます。

子ども1（A）：私はこの続き話に反対です。願いがすぐに叶ってしまうと、あまり大切さを感じなくて、（もう一度木が育つまで）長い間待っていて、やっと叶ったら、大切さをもっと感じるからです。

子どもたち：Hさん、Hさん。I君。（口々に次言ったらいいと思う子を発言）

子ども2（I）：僕はこの続き話は入れたら駄目だと思います。なぜなら、展開が早いからです。

子どもたち：Hさん、Hさん。（「発表したら？」と促している。ザワザワしている）

教　　師：あのー。

私の続き話に対して、まずAさんとI君の二つの意見が出ました。この二つの意見が出た後に、私が「あのー」と言い出しています。この後、何と伝えるでしょうか。子どもたちはまだまだへたくそです。みんなが意見を言いたいから、なかなか譲れません。ザワザワもしています。そこで、教師が「あのー」と入れる。役割発動ですね。

教　師：あのー。最初に誰か、あれをみんなに聞いてほしいな〜。みんなの動きを知るような言葉を入れてほしいな〜。Oさん、もしかしたら気付いてるかも。
子ども3（O）：先生が考えたこの続き話を、入れていいと思う人は手を挙げてください。
教　師：はい、出ました。アンケート。そうですよね。

話し合いを自分たちでまわすために大事なのは、意見調査をするということです。このままだと、反対か賛成かがあまりよくわからないまま進んでいきます。そのときそのときで「賛成です」「反対です」ではなく、全体で反対と賛成の割合がどれくらいなのかということを摑んでおくことも話し合いでは大切です。ほとんど反対、そこからスタートという場合もありますから。
それによって、話し合いの仕方が変わってきますので、まずは、その前提を自分たちで掴みなさいということです。
ここでは、Oさんがうまく言ってくれました。それを「アンケート」という言葉として価値付けしているわけです。

教　師：最初に、それ（人数分布）、聞きたい。
子ども4：ちょっとは入れていいと思う。
子ども5：ええー、でも……。入れてもいいけど……。
子ども6：けど、ちょっと意見を……。
教　師：はい、待った、待った。はい、そこで……。

ここで、また私が止めています。まずは率直に人数を聞かせるために介入しました。人数を把握するような子どもが登場しないとスピード感がないし、全体把握ができません。

教　　師：はい、T君。前に出ていって人数を書く。あなた近いから。はい、行って。T君、意見の下に書いてください。
子ども7(T)：賛成の人？
子どもたち：(挙手)
子ども7(T)：賛成の人、手挙げてて。もう一回、手挙げて。賛成の人。
子どもたち：(再度挙手)
子ども7(T)：じゃあ、反対の人？
子どもたち：(反対の子が挙手)
子ども8　　：今、決められへん。
(前に出たT君が人数を板書している)
子ども7(T)：反対二十六人、五分五分の人？
子ども7(T)：二人、五分五分。それにしても足りない。もう一回、手を挙げて、みんな。
子ども9　　：二十七人じゃあかん。
子ども10　　：二十六人か。
教　　師：この時間がもったいない。

必ずありますよね、こういう場面。正確な人数にこだわる子どもがいるものですが、**人数にこだわるのは、授業にきちんと全員を参画させる一学期**です。全員参加が前提として成り立ってきたら今度は話し合いのスムーズさを取りにいくので「大体」を教えます。「この時間がもったいない」と言うと、「大体で……」とか「それ、もういいから～」と言う子どもが出てきます。

子ども11：大体でいいよ。

子ども7（T）：反対二十六……二十六。

はい、賛成三人、反対二十六人、その他三人です。

教　　師：**うん。いいね。うまいうまい。T君、うまい。君を選んで正解だ。はい、T君は、そこで一旦座りにいけばいいんだね。こういう気を利かせていこうね。はい、続けなさい。**

子どもたちにとって、あらかじめ役割を決めていない場合は、このT君のような子が自然と出てくるのは、とてもハードルの高いことです。ですからまずは教師が指名し〝流れ〟を教え、実行させた後に褒める、という指導を入れる必要があるのです。

これが大切な役割です。

子ども12（N）：（言いたい子どもたちが何人も立ってゆずり合えず膠着している）誰か勝手に言い始めて～。

教　師：**それは駄目ですよね。もったいないね。この時間はね。はい、Mさんだね、発表するのは。だってN君はすごく発表してるから、いつも。それ、N君、自覚できたらいいね。後でいくらでもしゃべりなさい。**

ゆずれないときは、「誰が発言するべきなのか」を、教師がきちんと指名し、指導します。

子ども13（M）：私は先生の続き話に反対です。なぜなら、次の日って書いてあるけれど、その一日ですぐプラタナスの木が元通りになるのはおかしいからです。

子どもたち：はい。はい。

子ども14：それに付け足し。
子ども15：それに反対です。
子ども16(K)：えっと、聞いてください。
子ども17：言って言って。
子ども16(K)：私もMさんの意見に賛成で、Mさんが言ったように、この続きの話はいらないと思います。Mさんのに付け足しで、次の日に、ちょっと、春になればまた芽が出るだろうって書いてあるんですけど、その春が、春になって芽が出るのに、それが次の日に元通り、そのままの木になるのがちょっとおかしいのと、あと何か……、その世界を壊してるっていうか……。
子ども18：作品世界。
子ども16(K)：作品世界を壊してるみたいな感じだから。
(一人の子が出てきて、「作品世界」を板書後、席へ戻る)

子どもから「作品世界」という言葉が出てきます。これがカギです。これまでに勉強してきたことです。

さて、ここで教師の意識としては、発言に出てきた「作品世界」を今、もう一度きちんと押さえたい。その言葉を出した子も褒めたい。「どうする？　自分？」という感じです（笑）。〈流れ〉をとるか、〈押さえ〉をとるか……。

と、そこへ**一人の子がスッと教室前のホワイトボードのところに現れ、「作品世界」と書いてまた席に戻った**のでした。新しい意見や絶対に押さえないといけない言葉などが出たときに、**子どもが反応するクラス**にしていかないといけません。教師が我先にと反応していたら、絶対、こういう現象は起きません。私はもちろん心の中で「よっしゃあ！」「よくやった！」とガッツポーズです（笑）。

子ども19　：Kさんに反対なんですけど……。この次の日にプラタナスの木がまた元通りになったというのは、多分、おじいさんが、マーちんたちが幹や枝になってることが、すごい何か、嬉しくて。やっぱりマーちんたちが枝や葉っぱとかになるんじゃなくて、元通りに直したほうが、みんながそれを見てまた嬉しくなって、サッカーも白熱するんじゃないのかな。

子ども20（S）：賛成。付け足し。私も、Kさんの意見に反対で、作品世界を壊すんじゃなくて、展開が早いとみんな言ってるけど、物語だから現実とは違ってもいいと思います。

子ども21（W）：**整理タイムをください。**

「これは物語なんだから、ありなんじゃないの？」ということを言い出しました。それはありだと、作品世界は壊れない、物語だからいいのだと言っているわけですね。

その後に、「整理タイムをください」です。「ノートを整理する時間をください」ということです。これが子ども自ら言えることが、「おいてけぼり」をつくらない話し合い活動です。

「整理タイム」は、私のクラスの子どもたちが勝手につくった言葉なのですが、ちょっと時間がほしいときやノートを整理する時間がほしいときに使います。この発言をしたのは学級代表でした。学級代表は、私がいないときに授業を進めてくれる存在です。その子が、「整理するタイムをとりましょう」と言った。もちろん褒めました。

このとき、この子は書きたかったのです。Sさんが発言しましたが、その発言内容をメモしながら、「このまま話し合いが続いてしまうと、おそらくメモが途切れてしまう」と思ったのでしょう。それで、「整理タイムをください」と言いました。すると、話し合いの冒頭で私が「後でいくらでもしゃべりや」と注意したN君（185ページ参照）が、抜群のタイミングでみんなに次の言葉をかけます。

子ども12（N）：じゃあ、一旦座りましょう、皆さん。

N君、「一旦座りましょう、皆さん」と言ってくれました。こういう子どもがいるから座談会がまわるのです。この一言で、みんな座り出しました。

子どもたち：はい。じゃあちょっと整理タイム。
子ども21（W）：整理タイムです。

場が一旦落ち着きます。そしてこの時間に、みんなで一生懸命書くのです。書くだけではなく、友だちと確認したりしている子どももいます。**話し合い活動ではある程度、内容にひたる時間が必要**なのです。

子どもたちが言いたい、言いたいとなったときに怖いのは、友だちの意見をきちんと聞かずに、どんどん次へ次へと行ってしまうことです。この可能性が高いのが、特に低学年です。「はい、はい、はい、はい」というその意欲は買いますが、二人前に発言した子の意見がわかっているかというと、絶対に理解できていません。

子どもたちにとって、どこかで整理する時間が必要なのです。**思考をゆっくり整理する時間というのは、教師が意識してしっかり持たせるようにする**べきだと思います。

教　師：（子どもたちがある程度書いたところで）先生、今、すごく褒めたいです。

まず、「作品世界」という言葉が出ました。これは、キーとなる言葉です。この言葉をメモしてほしかった。Wさん、黒板に書いてくれたのは大金星です。

それから、T君の意見調査のやり方。「五分五分」などの意見を、「その他」として落ち着いて対応したのは大金星です。だから、今褒めたいんですよ。君たち、初めてでしょ、ここまで自分たちでやるのは。

全員の座談会は、六年生にしかできないことなんです。本来

は。今日は実験してるの。だから、ぜひ精一杯やってください。座談会は司会とかはいらないの。その都度、手伝いに来てくれたらいいので、次は誰か他の人が来てもいいよ。今から先生は板書係になるので、こっちは先生に任せてください。君らがしゃべるのがもう無理になったら、先生が入ります。はい、ここからまた続けます。

子ども22：Dさん。Dさんじゃない？

子ども23：Yさん？

子ども24：Dさん。Dさんや。Dさんどうぞ。

子ども25：みんな静かにして。

子ども26（D）：私は、ちょっとその他で……。賛成も反対もどっちもなんですけど、賛成のところは、何か作品世界にちょっと合っているなと思うところ。反対のところは、先取ってる。それに展開が早い。それに五場面の十六行目に、「春になればプラタナスも芽を出すだろう」って書いてあるから、教科書にも書いてあるし、私は賛成も反対もあると思います。

子ども27（E）：えっと、Dさんに付け足し……。
子ども28：はい、言いたい。お願い。お願い。
子どもたち：E君、E君。
子ども24：E君、どうぞ。
子ども27（E）：えっと、僕はDさんに……。Dさんに付け足しで、賛成で、悪くもないし、良くもないって、五分五分で。なぜなら、この……。

この子は今から話し合いの質を一段上げる話題を振ります。この座談会におけるとても大事なキーマンとなります。

この子の発言で、一気に授業の話し合いも、キュッと締まりました。

子ども27（E）：この『プラタナスの木』の作品の**ジャンルって、皆さん、何だと思いますか？**
子ども29：あー、それ、聞きたかった。
子ども30：ファンタジー。

子ども31：とは限らないよ〜。

この子は「ジャンルに合っているか、合っていないか」から読み解こうとしています。これはものすごく大事なことで、もし子どもたちから出なかったら、私のほうから出そうと思っていた意見でした。

なぜなら「ジャンル」という学びがこれまでの授業であったからです。**学びが生きてきた、活用されてきた**わけですね。E君がみんなに投げかけてくれたとき、平然と板書をしていましたが、実は私はふるえています（笑）。「来た〜っ！　ジャンル来た〜っ!!」と心の中で絶叫していました。

子ども31：みんなファンタジーって言ってるだけでさ……。

子ども32：ファンタジーでしょ？

子ども33：ミステリー？

子ども27（E）：えっと、なぜなら展開が早いのもあるし……。

子ども34（C）：つなげます。E君は多分、ジャンルがもしファンタジーとかだったら、次の日とかでもいいんじゃないですか、というふうに言いたかったんだと思います。

子どもたち：あ〜。

子ども35（G）：それに付け足しなんですけど、ファンタジーならおじいさんがプラタナスの木だから、ファンタジーなら僕は賛成だけど、そのファンタジーの要素がなくて、ファンタジーかもしれないというのしかないから、ファンタジーじゃなくて……。僕は「ファンタジーかも」というジャンルで、それで続き話を入れると、急にジャンルが変わってファンタジーになってしまうから、だから、僕は、ジャンルはファンタジーなら（この続き話は）賛成です。

子ども36（J）：他、ありますか？

子ども21（W）：はい、あります。

教　師：**先生、ここでちょっと入ります。**（言おうとして立った子に）**立ったままでいいです。補足したいんですけど、今、G君の意見ってこう言っていいですかね。「ファンタジーかも、っていうぐらいのジャンルだ」と。**（子どもが立って言いたそうにする）**あっ……続ける？　そういうことをしゃべる？**
ごめん。じゃあ先生しゃべらなくてもいい？

子ども21（W）：はい……。
子どもたち：先生、しゃべっても……。
教　　師：**いい、いい。先生はできればしゃべらない。Wさんが言って。**

ここでは、私がわざと途中までしゃべったら、どうもそれを言いたい雰囲気の子が出てきたので、「ごめん。先生、しゃべりすぎたな」と言って、その子に振りました。**ちょっときっかけを与えて、また戻る、という役割のとり方**ですね。

子ども21（W）：出会いの感想文に、私は、「ジャンルはファンタジーのような気もするけど、何か違う気もする」って書いたんですよ。それ、わかりますか？
子どもたち：はい。
子ども21（W）：皆さんはどう思いますか。「完全なファンタジー」だと思いますか？　それとも、「ファンタジーかもしれない」って思いますか？

子どもたち：かも……。

子ども24：かもというか…。

子どもたち：アンケート！

子ども21（W）：ファンタジーかもしれないという人？

子どもたち：（挙手）

子ども21（W）：その他という人……？

子ども25：いろいろ混ざっている。

子ども26：そうそう。確かに混ざっている。

子ども27：いろんな場面によって変わってる。だからあんまり決められない。

子ども28：ハーフでいいんじゃない。ファンタジーのしくみで……。

教　師：実はさ、先生、主題、次やるって言いました。主題をやる前に、実は先生がみんなに聞こうと思ったのが、「この物語はどんなジャンルでしたか？」ということ。そうしたら、E君が「ジャンルは何だと思いますか？」って言ったので、先生、鳥肌が立ちました。ものすごい発想です。みんな、E君に拍手。これによって、ちょっと話し合いの手がかりができてる。ちょっとWさんが続けるから、みんな聞いてあげて。

子ども21(W)：「完全なファンタジー」だと思う人？
子ども29：あー、これは〇人……あっ、一人。
子ども21(W)：「ファンタジーかも」って思う人？
子ども30：ファンタジーかもって……。
子ども31：ファンタジーハーフなハーフみたいな？
子ども21(W)：十五人。「その他」の人。
子ども32：はい。
子ども33：だからなんか混ざっているみたいな。
子ども34：混ざっているじゃなくて……。
子ども35：その間……。完全なファンタジーとファンタジーとかの間。
子ども21(W)：十人。えっと、私は「ファンタジーかも」っていうところに入ります。なぜなら、『プラタナスの木』は完全なファンタジーではないと思うんです。『白いぼうし』とか、不思議なことが起こる、物語でもない。でも、何か、おじいさんが消えてから、プラタナスの木も切られて、おじいさんも消えたから、なんか不思議だなっていうことがあるから、もしかしたらファンタジーかもしれないけど、私は何ていうか、「ミステリー」みたいな感じの物語。

子ども35：ミステリー？

子ども21（W）：「ミステリアスな物語」だと思うんです。どう思いますか？

子ども36（J）：えっと、第五場面のところで……。

教　　師：**J君、みんなが第五場面開いてるか、確認した？**（隣でささやく）

子ども36（J）：第五場面を開いてみてください。皆さん、開きましたか？

子どもたち：はい。

子ども36（J）：第五場面で、木は切られて、それで……木が切られて……。ちょっと考えます。

子ども1（A）：じゃあ、話変わります。私は、先生の続き話に反対で、まあ反対っていうより、何かを付け足したらいいと思います。まず、先生の続き話が駄目な理由は、現実だったらすごいとは思うけれど、作品世界に合わないと思うからです。**もし私だったら、先生の話をどうしても採用したいというなら、**「その夜、マーちんは不思議な夢を見た。マーちんたちの願いが叶ったかのように、プラタナスの木が元通りになっていたのだ」というように、こう現実じゃないようにしたら、先生の意見も採用できる。

子どもたち：ああー。

子どもたち：確かに！

彼女の意見はすごく刺さりました、子どもたちに。みんな、「ああー」となりました。彼女がすごかったのは、「先生の意見を採用するとしたら」と言ったこと。作品世界に合わせて言っています。「もしも、夢だったら、今のでもいけるのではないか」と。今回の話し合いは、「ジャンル」という話題が出たことで、座談会の軸が固定されていきました。そうならなければ、私のほうからジャンルということを話さなければなりませんでした。この座談会では、E君がジャンルと言ってくれたことが大きい。

そして、最後の彼女が、この作品世界を壊さず、もしも、先生に合わせるならばという視点で意見を言ってくれました。

話し合いの大事な部分は、まず何について話すのかということが定まっていること。そして、そこから派生する可能性がいくつもあり、それを**子どもたちがちゃんと聞いていて、「ああー」とか「違うな」とか「それいいね」と反応していること**です。

話し合いはある程度、右や左へといろいろなところに振れていきますが、真ん中に軸ができました。それが「ジャンル」です。その中で、「作品世界」という言葉が軸を強化した。そこから話し合いがあまりぶれずに、要するに何でもありの空中戦にはならずに、「これを活かすなら、私はこれです」といった力強い意見が出てきたのです。

この座談会は、続きもとても面白い展開となりました。

座談会の後、私は子どもたちに「今日の話し合いを受けたら「振り返り」（授業のまとめの作文）はすごいことになるね」と話しました。絶対に面白い「振り返り」になる確信があったからです。

実際、「振り返り」では、「ジャンル」を出したE君の名前をみんなが挙げていました。E君は、次の日それを読んで、ニコニコしていました。

「E君、MVP」とみんなが書いていました。

話し合いを強化する図解

私の授業では、話し合いのときに、小黒板やミニホワイトボード、移動式のホワイトボードなどが自由に使えるようになっています。

子どもたちは、移動式ホワイトボードのところに勝手に行って、気持ちの心情曲線を書いたり、日常というジャンルを出して書いたりした子もいました。「日常」とは良いジャンルだねという話になり、日常とファンタジーの間ぐらいと言って、これが私のジャンルのスタイルですと持ってきた子もいます。とても素敵で、次の時間に発表してもらったほどです（次ページ上の写真）。

「図解します」と横に書いた子どもは、現実と続き話のことを説明しています。これを授業が終わってから持ってきて、もっと話したいと言ってきました。

次ページ下の写真は、同じく作品のジャンルの話題のときに、「日常がほとんどを占めているけれども、ちょっとだけファンタジー」というジャンルを表現しています。

「図解」の考え方

子どもたちは、話し合いのときに図解で示すことを一学期からやってきました。この図解の方法も、トップダウン式でマトリクスやチャートなどをいきなり教える方法を私はとりません。

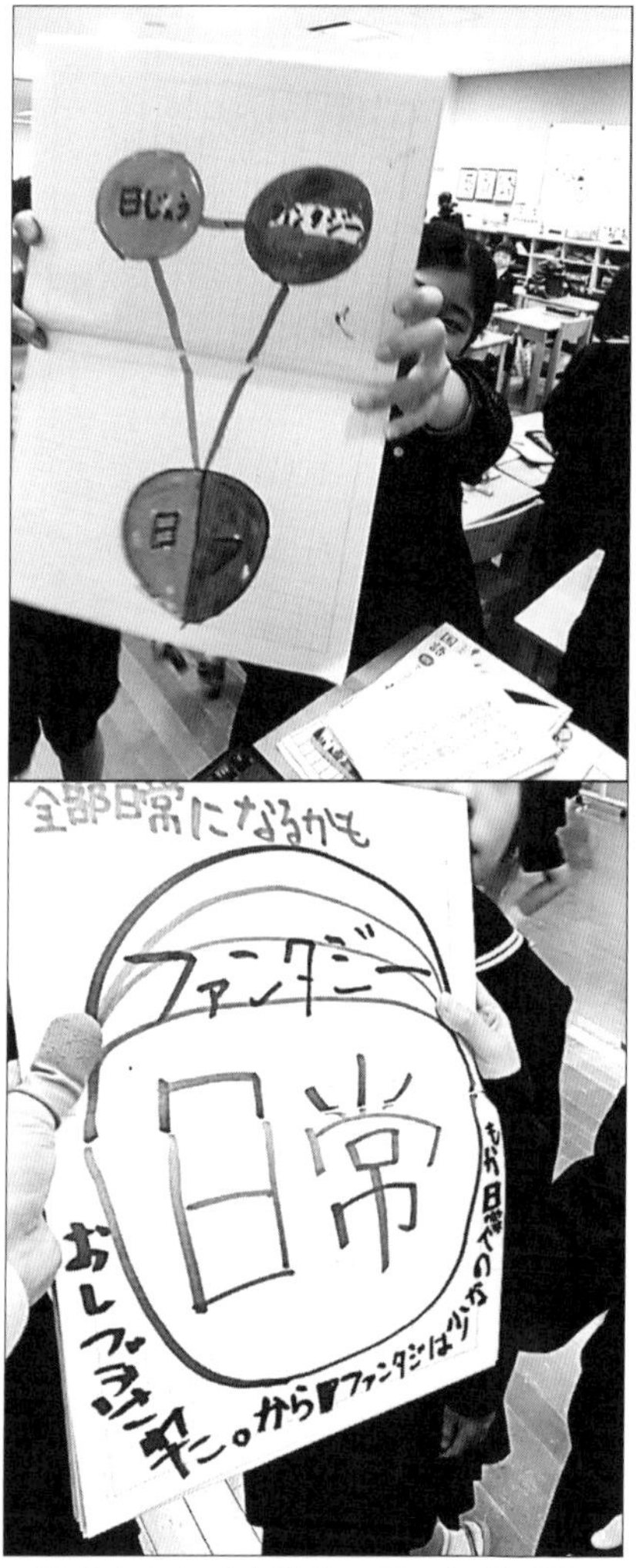

子どもたちが座談会で用いた「図解」

まず伝えたいことがあり、それをどうしたら仲間に一番わかりやすい方法で伝えられるか、その手段の中に「図解」があります。そして、「図解して伝えよう」となったときに、**自分たちなりに一生懸命考えた図を書き、提示してみて、「仲間に刺さった」「仲間の反応が薄かった」を経て、より伝え方を工夫していく。このプロセスこそ、学習者としての素地を養う小学生時代には必要**だと考えます。

ですから、「わかりやすいのはコレだよ」と教師が簡単に与えてしまうのは、試行錯誤が起こらないので何とももったいないわけです。

アレコレと自分で試行錯誤させた上で、教師が「こんな図解もあるよ」と矢印を書いていくチャートを教える。すると、「このプロセスなら、効果的な方法だ！」と子どもたちの心にグサッと刺さります。しかし、最初からそれをやってしまうと、子どもはその図解に寄せていくようになってしまう。柔軟な発想というものが出てきません。

それでは「思考しない」流れになってしまう。

とにかく子どもたちには、**いつでも、どこでも思考させなければなりません。**

子どもたちが示す図解は、わかりにくいものであっても、常にそこに立ち会っている授業者である教師にはわかります。子どもたちに考えさせてから、提示させてから、アドバイスをすればいいのです。

「図解」はその〈過程〉に大きな効果があるわけで、柔軟に指導して、柔軟に進めるのがいいのです。

「変容」を自覚（実感）させる

教師は、「授業って大切」という感覚を全教科で子どもたちに実感させ続けなければなりません。そのために必要なのは、変容を自覚させることです。

「振り返り」を機能させ、単元の最初と最後の「出会いの感想文」と「まとめの感想文」を充実させ、自分ができるようになったことを確実に意識させる。そこが具体的な「変容」です。自分自身の変容がわかったら、子どもたちは授業に対して前のめりになります。主体的になります。自己肯定感も高まっていきます。

国語科で気を付けなければならないのは、「国語科は算数科のように計算が早くなる。計算ミスがなくなる」といった、わかりやすい教科ではないということです。ともすれば、「ごんが、かわいそうだった」（ごん：物語文『ごんぎつね』の登場人物のごんぎつね）で終わりかねません。「大豆って、いろいろなものに姿を変えるんだな。大豆、もうちょっと頑張って食べよう」で終わりかねません（説明文『すがたをかえる大豆』光村図書『国語三下』)。

このようにアバウトになりかねない国語ですが、反面、国語科では、この先、子どもたちの**学習者としての「学び方」そのものを学ばせる、**というすべての教科の土台となる要素を含んでいます。**「図解」**はまさに、「人に伝える方法がわかった」という学びの土台となる学び、なのです。

他にも、私は**「言葉の近似図」**と呼んでいますが、よく似た言葉をいくつか候補に挙げて、その中から自分が最適と思う言葉を選んで使う**「言葉の選択」**の力など、国語科で扱うことは多いのです。

子どもたちとは様々なベースとなる力を、同時多発的に発動させて授業を展開していくことができればいいと思っています。

その場所が「座談会」なわけですね。

物語を読むときに、「情景描写」をよすがに読んでいく意識が身についた、「ジャンル」という観点で物語を俯瞰できるようになった……といったことです。

そして、それらができるようになってきた、と自覚させていきましょう。

座談会(話し合い活動)での教師の役割は、これらのことをきちんと意識してその場にいて、適切なときに意識させる言葉がけをし続けることです。

エピローグ

教師の醍醐味。

それは、何よりも、授業が充実することです。
授業が充実してくれれば、日常が変わります。

CHAPTER7の座談会の冒頭で、私が「後でいくらでもしゃべりや」と声をかけたN君は、その後、見えないところで大活躍します。
出会いの感想文を書き終わった後に、この子が私のところに感想文を抱えて走ってきながらこう言いました。

「指が動かない」

顔は笑顔です。

一生懸命書いた自分に興奮しているのです。

別の子は、「まとめの感想文」の中で、次のようなことを書いていました。

「勉強すればするほど、内容が深くなって、知れば知るほど楽しくなっていくということがわかりました。」

さらに、これも「まとめの感想文」での言葉です。

「ジャンルも中心人物も（段落の）タイトルも、変わったことはほぼ全部です。このことで、あらためて授業は大切だと気付きました。」

授業を受けてみると、自分が最初に思っていたこととは違っていた。だから、授業をやって良かった、ということです。

教師をやっていて良かった、と心から思える瞬間です。


二学期の終わりに、子どもから通知書が来ました。「先生。先生の通知書書きました！」と。こわごわ開けました。「オール5！　良かった～」と安堵しながら評価の観点を読みます。

「わかりやすさ、授業、5点。おもしろさ、5点。休み時間の楽しさ、5点。その他、イラスト、5点。森川先生、三学期も楽しくて面白い授業を楽しみにしています。オール5。国語科の授業、素晴らしい。板書サイコー！」

ちゃんと、ハンコも押してあります。

「所見欄」も添えてあります。

「森川先生へ。二学期、楽しい授業をありがとうございました。国語の授業では『プラタナスの木』、算数の授業では『わり算の筆算』『がい数』など、森川先生がわかりやすくていねいに教えてくださったから、スムーズに学べました。また、休み時間に一緒に遊んでくれて楽しかったです。三学期に森川先生に会えるのを楽しみにしています。Good Luck!」
いやいや。至らぬことばかりで申し訳ないです！　そんな気持ちになります。
この子たちに恥ずかしくない存在でいなければ。そう思います。

教師の仕事、教師の役割は、目の前の子どもたちに何ができるかを考え続け、小さくとも日常を変えることにつながるアクションを起こし続けること。
愚直に、泥臭く。
その先に教師の、子どもの「日常改革」がある——。

最後になりましたが本書をまとめるにあたり、学陽書房の根津佳奈子氏にはいつもながら大変お世話になりました。感謝申し上げます。

いつも自分を見つめ直すきっかけをくれる子どもたちに、感謝、感謝……感謝。

森川正樹

著者紹介

森川正樹（もりかわ まさき）

兵庫教育大学大学院言語系教育分野（国語）修了、学校教育学修士、関西学院初等部教諭。令和2年度版学校図書教科書編集委員、全国大学国語教育学会会員、授業UDカレッジ講師。詳細辞典セミナー講師。
授業塾「あまから」代表。

国語科の「書くこと指導」「言葉の指導」に力を注ぎ、「書きたくてたまらない子」を育てる実践が、朝日新聞「花まる先生」ほか、読売新聞、日本経済新聞、日本教育新聞などで取り上げられる。

県内外で「国語科」「学級経営」などの教員研修、校内研修の講師をつとめる。社会教育活動では、「ネイチャーゲーム講座」「昆虫採集講座」などの講師もつとめる。

【著書】
『小学生の究極の自学ノート図鑑』（小学館）、『熱中授業をつくる！　教室の対話革命――教師の話術からクラス座談会まで』『教師人生を変える！　話し方の技術』（以上、学陽書房）、『子どもの思考がぐんぐん深まる 教師のすごい！書く指導』（東洋館出版社）、『できる先生が実はやっている 働き方を変える77の習慣』『できる先生が実はやっている 教師力を鍛える77の習慣』『小1～小6年“書く活動”が10倍になる楽しい作文レシピ100例』（以上、明治図書）他、教育雑誌連載、掲載多数。

【プロデュース】
教師のためのスケジュールブック『ティーチャーズ ログ・ノート』（フォーラム・A）

【社会教育活動資格】
「公益社団法人 日本シェアリングネイチャー協会」ネイチャーゲームリーダー
「公益社団法人 日本キャンプ協会」キャンプディレクター
「日本自然保護協会」自然観察指導員

【ブログ】
森川正樹の“教師の笑顔向上”ブログ
http://ameblo.jp/kyousiegao/ ➡

【教師の笑顔向上】
詳細辞典セミナー
の情報はこちら！

【インスタグラム】
https://www.instagram.com/m.morikawa2020/

熱中授業をつくる！

子どもの思考をゆさぶる授業づくりの技術

——教師の「役割」が子どもの「日常」を変える！

2021年5月6日　初版発行

著　　者　森川正樹《もりかわまさき》

ブックデザイン　スタジオダンク
DTP制作　越海編集デザイン
発行者　佐久間重嘉
発行所　株式会社 学陽書房
東京都千代田区飯田橋1-9-3　〒102-0072
営業部　TEL03-3261-1111　FAX03-5211-3300
編集部　TEL03-3261-1112　FAX03-5211-3301
http://www.gakuyo.co.jp/
印　　刷　加藤文明社
製　　本　東京美術紙工

ISBN978-4-313-65429-7　C0037

乱丁・落丁本は、送料小社負担にてお取り替えいたします。
定価はカバーに表示してあります。